你的时间
80%都用错了

哈佛商学院广受好评的时间管理课

韦 因 / 著

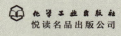

化学工业出版社
悦读名品出版公司

· 北 京 ·

这是一本系统全面的关于时间管理的书，教会读者一套完整的使用时间的方法。让读者在段时间内领悟人生与时间的关系，并学会正确支配自己的时间，在同样的时间里取得更好的效果。作者从事时间和经理管理多年，总结出一套完整的方法，共分为五个核心技术——计划为先、做好分配、保持自律、克服拖延和化零为整，这五个核心技术能够确保你的时间用在正确的地方，让你成为世界上效能高但却始终能保持工作与生活平衡的人。

图书在版编目（CIP）数据

你的时间，80%都用错了／韦因 著. — 北京：化学工业出版社，2016.6 （2017.6重印）

ISBN 978-7-122-26760-3

Ⅰ. ①你… Ⅱ. ①韦… Ⅲ. ①管理-研究 Ⅳ. ①F832

中国版本图书馆CIP数据核字（2016）第072790号

责任编辑：郑叶琳　　　　　　　　　　　　　装帧设计：尹琳琳

责任校对：陈　静

出版发行：化学工业出版社（北京市东城区青年湖南街13号　邮政编码100011）
印　　装：三河市双峰印刷装订有限公司
880mm×1230mm　1/32　印张8¾　字数255千字　2017年6月北京第1版第5次印刷

购书咨询：010-64518888（传真：010-64519686）　售后服务：010-64518899
网　　址：http://www.cip.com.cn
凡购买本书，如有缺损质量问题，本社销售中心负责调换。

定　　价：32.80元　　　　　　　　　　　　　　　　　　版权所有　违者必究

序

Preface

有人曾半开玩笑地说，假如给我一千年的寿命，我也一定能获得比尔·盖茨或者巴菲特的成就。我相信这是真的。可惜从目前来看，我们谁也不会拥有千年的寿命。虽然理论上在某个相同时期内，我们每个人都拥有相等的时间，但倘若你能提高自己做事的效率，就意味着可以比别人完成更多事情，也就相当于拥有了更多时间。当我们拥有了比别人更多的时间，就意味着拥有了在竞争中胜出的巨大优势。

那么，怎样才能提高自己的效率呢？

这个问题的答案因人而异。我相信你们都追逐个性，而且每个人都有自己偏爱的做事方法，这些方法本身没有对错之分，但在效率上可能是有差别的。至于它具体表现在哪些方面，你似乎只能问自己。不过，特殊中也蕴含着一般，根据我多年来的观察，我们在效率方面，往往会掉入下面三个问题的陷阱：

瞎忙——没有明确的目标，不知道自己到底想要什么，应该做什么，白白浪费很多力气。

乱忙——做事情找不到重点，不会科学安排和统筹，于是屡屡在忙碌中陷入疲惫和失望。

白忙——如果客观条件没有发生变化，同一种方法尝试三次之后依然无效，就应该考虑更换思路和方法了。倘若依然锲而不舍地尝试，很多时候，都只是浪费时间而已。

我身边有太多人习惯了忙碌，却忘了一件最重要的事——对工作进行价值判断。有时候，你投入了大量时间和精力，最后才发现那是所谓的"垃圾工作"。于是，你不仅耗费了精力，更错失了这些时间原本可以给你带来的收获。

这是个残酷的事实：大部分人都热衷于成功和梦想，但却很少有人会懂得管理自己的时间，90%的人把自己80%的时间都用错了地方，这真的很可惜。

外出旅行的时候，我从不反对在沿途停下来看风景。但人生毕竟不是出门度假，在需要拼搏的时候迈着悠闲惬意的步伐并不合适。因为，在生命结束的时候，绝大多数人都会遗憾自己有太多事情没做，有太多梦想没来得及实现。

谁应该为此承担责任呢？当然只能是我们自己。用波士顿顾问公司的副总裁史塔克的话来说："新的竞争优势将来自于有效的'时间管理'。不论在技术突破、生产、新产品开发、销售与渠道方面的时间都要不断缩短。"当别人用缩短时间来增加自己的竞争优势时，如果你不肯加快脚步，就已经处于劣势了。而成功所需的资源有限，处于劣势者怎么可能获取足够的资源来实现梦想呢？

我有一位朋友经常喜欢拿日本人刺激自己的员工。他常常说："加拿大刚把枫叶旗定为国旗，两天之后，枫叶小国旗已经在加拿大火爆销售了，但那是日本人生产的；在抢夺市场的战争中，我们的命运取决于反应速度。"

这个道理，我在哈佛读书时就已经明白了：没有时间观念的人，很难在竞争激烈的环境中站得住脚。因此，我是个时间观念非常强的人，同时也希望身边的人都能做到这一点。我的妻子是我在哈佛时的校友，这一点她也一直做得不错，直到大女儿开始上学时，问题出现了——女儿经常迟到，虽然每次都只有两三分钟。

这当然不能怪孩子，她才三岁，时间完全是由妻子安排的，经常迟到的原因自然一定要归咎于妻子。我不想让女儿在人生之初就养成这样的坏习惯，打算跟妻子谈谈。她说对此表示非常抱歉，但我能看出来，她并没有太多歉意，有的反而是怨意。于是，我诚恳而且耐心地问她是否有什么原因，我是否能够帮忙。

她告诉我："你知道，我本来是个讨厌迟到的人，一直都把自己的时间安排得有条不紊，甚至精确到分钟。可是我们的宝贝似乎不大配合。我把她吃早餐、洗漱、上厕所的时间都计算好了，也在路上留出了充足时间。可是，每当要出门的时候，总会出现突发状况。我知道这不应该怪她，自己应该留出一部分时间备用，可突发状况不是每天都有，我又做不到提前出门，让时间在等待中白白浪费掉。对此我也很焦虑。"

我想了想，问她："你是不是看到某一项日程没到你计划好的时间，就心生抗拒不愿意开始？我猜，假如女儿提前洗漱完，还没到早餐时间，你也不会给她开饭。对吗？"

"是的，我不认为这有什么不妥。"妻子似乎对我的问题有点不悦。

"亲爱的，没有什么不妥，我只是想给你一个建议，把客厅的钟拨快五分钟。你愿意试试看吗？"她想了想，答应了。

故事的结局你一定已经猜到了，女儿从此没有再迟到过。后来，当我和妻子就这一问题进行讨论时，达成的共识是：我们的时间概念是被钟表左右的，虽然意识到钟表上的时间是提前的，但当眼睛看到的时间刺激潜意识时，在自己无意识的情况下就会产生紧迫感，不自觉地加快脚步。

归根结底，如果你想成功，简单地说：第一是要有时间观念，第二是要学会使用时间，第三是不要拖延时间。至于怎样做好这三点，书里自有答案。

Content

序　4

第一部分　重新定义你的时间　1

第一章　别让自己忙在碌碌无为上　2

很多人的忙碌只换来疲惫　5

珍惜时间，从时间管理开始　7

不"盲碌"，朝着目标前行才会有收获　10

别浪费时间在对成功无益的事情上　13

重新审视你的生活价值　15

聪明地挑选该做的事　17

更有效地解决生活琐事　18

专心地做好目前最应做好的事　20

每天为思考留一些时间　22

第二部分　五个核心秘诀，让时间变成效能　25

第二章　计划为先——开始使用时间的原则　26

根据自身条件设定目标　29

目标一旦确定，不要轻易改动　32

事前做好计划，事中才能顺利　34

给实现目标一个明确、合理的"死期"　37

确定最迟的动工日期　38

合同样本　40

倒推法：列出"死期"之前每个阶段要做的事　41

根据事务来整合资源，提高效率　43

谨防"墨菲定律"，时间预算要切合实际　45

给无法完全掌控的事一些"预留时间"　47

理解和运用 60/40 法则　50

第三章　做好分配——事务再多也不会抓狂　52

避免对所有事情"同等对待"　55

分清轻重缓急，不为小事转移目标　57

把所有活动分为三个等级　59

ABC 时间管理法如何应用　62

不要让"急事"扑上来攫住我们　65

80/20 法则：把精力花在回报最高的事上　68

象限管理法：紧急的事未必重要，重要的事未必紧急　70

一周时间运筹法　75

问问自己这件事真的有必要去做吗？　77

设定缓急：对实现目标有助的事优先处理，反之则推后　79

把不做也无碍的事统统从清单上划掉　82

排除根本不必做的事　85

以重要的事为中心　86

学会做好"重要但不紧急"的事　89

建立活动日志，提高工作效率　91

第四章　保持自律——别让时间白白浪费掉　94

培养紧急意识，加快工作节奏　97

用简单易懂的语言来沟通　98

避免无意义的闲聊和空谈　100

与人交谈，控制好谈话的环境和进程　102

收住好奇心：别被无关的人或事所干扰　103

学会对人说"不"　105

学会整理东西，避免浪费时间　106

别让顾虑浪费时间　107

不要浪费时间去"证明自己"　109

扔掉最浪费时间的句型："如果……结果就不是这样！"　111

第五章 克服拖延——提高自控力是关键 114

所有的"急事"都是拖延造成的 117

当心陷入"帕金森时间效应" 118

如果爱迟到，就把手表拨快 10 分钟 120

果断地做出决定，不要拖延 122

不要沉迷于幻想中，要去做 124

别把"明天"挂在嘴上 125

不要总是为"不做"找借口 127

认为耽搁一点时间不要紧，其实很愚蠢 129

强迫自己动手去做已经被一拖再拖的事情 130

使用"诱导物"帮自己改掉拖延的恶习 132

第六章 化零为整——向零碎的时间要效益 134

学习"微视"，以分钟来衡量时间 137

时间共享，在同一时间内做多种事情 139

学会管理好起床、洗漱、着装这些小事 141

早餐时间可以用来了解新闻 144

路上和等待的时间，用好了会很有收获 145

约会空当可以用来处理杂务、理清思路 147

睡前时间利用起来足以改变命运 148

即便在睡眠中也可以"思考"问题 149

用健康、有益的方式度过业余时间 150

学会最大限度地利用每一分钟的空闲　152

第三部分　不同人士时间管理重点不同　155

第七章　职场人士，用对时间做对事　156

拥有良好精力，从计划开始　159

保持紧迫状态，时刻绷紧神经　161

统观全局，盯"面"而非"点"　164

全是重点等于没有重点　166

"紧急"和"重要"哪个优先　168

动用"脑图"，有条理地工作　170

经常敦促自己，没有任何借口　171

学会专注，一次做好一件事　173

有些事情可以并行完成　175

善用"每日备忘录"　176

第八章　管理者，用时间打造高绩效团队　180

追求效益，赚得多是硬道理　183

不能忽视资金的时间价值　185

以最小投入，获最大产出　187

成本管理，让每一分钱都创造价值　189

深思熟虑，勾画出未来蓝图　191

激励,可以极大地调动员工的积极性 193

不要最优秀,只要最合适 196

对唯唯诺诺的员工说"不" 198

提高预测力,看清市场走向 201

第九章　销售人员,快速拿到商业订单 204

进行顾客调查,一切向市场看齐 207

确认你的目标 209

营销计划的核心是准确定位 212

运用ABC法将你的客户分类对待 215

电话预约,既便捷又实用的预售方式 217

找一个最有利营销成功的时间 220

积极回应客户的抱怨与牢骚 223

将客户的拒绝转化为成交机会 227

让女人乐意消费,让男人乐意花钱 231

促进今日交易,以防顾客反悔 235

第十章　送给学生朋友,好规划带来好成绩 238

学习同样需要善于规划 241

为下一周制订详细的学习计划 243

调好生物钟,找准自己的精力时段 246

统筹规划作息时间,为次日做好详细安排 248

学习中也应有休息和适当的娱乐,这样才科学 250

准时起床,养成良好习惯 252

决战早晨,把握一日之际 255

提前预习功课,提高课堂效率 257

遵循记忆规律,高效复习 259

最后,记得整理好你的东西和房间 261

重新定义你的时间

第一部分

Chapter One

第一章

别让自己
忙在
碌碌无为上

分清事情的轻重缓急，不管你有多少工作要做，都要保持清醒和冷静，从容不迫地做好你的时间规划，把事情划分为重要、紧急、非重要、普通等级别，然后按部就班地进行，有条不紊地完成。如果紧急的工作太多，一定要预留时间给重要的工作任务。记住，珍惜时间，从时间管理开始。

很多人的忙碌只换来疲惫

生活中经常有这样一些人,整天像疾风一样在不同的地方出现并忙碌着,什么事情都要做,在一件事情和另外一件事情的空当休息期间也要顺便处理一下别的事情。可是到头来一看,似乎所有的事情都没有做好,陀螺般地转了半天还在原地没有动弹。最后他不但一事无成,就连最基本的生活也打理不好,基本的人际关系也没有处理好,事业没有发展,家人也顾不上,朋友也没陪过,运动也没有做过。问他一年里都在忙些什么,他只有一句话:"我很忙。"

我见过一位网友月底在博客上写自己的一周生活:

> 上周,从老板又玩上新一轮的"找碴游戏"起,我便重陷晕头转向、叫苦不迭的"修改"标书的旋涡当中。因为抱有极大的情绪,结果每天都在苦闷和心惊肉跳的等待中煎熬。一会儿想到自己的标书还有错误就急不可待地翻一翻、检查一下;可是马上要作半年总结,还没有准备呢,又开始写总结;A地区的营销计划书也得起草了,于是又在脑子里开始勾勒起来。

一周的时间就这样匆匆逝去，周五是标书的最后提交时间，但是最准确的技术指标尚未统计出来，因而标书也无法完整做出。而最让人气愤的事情是，半年总结写出来给主管查阅，结果被骂了个狗血淋头；A地区的营销计划初稿统一提交到营销部，竟然跟别的同事雷同太多；至于整理资料、收拾东西、小聚会这些本该正常进行的正经事，更是无暇顾及。标书还是没个定数，人却被折腾得睡眠严重不足。

被一堆事情牵着团团转的感觉真的很不好，但是有时候就是这样。其实这样的情况在我们每个人身上可能都发生过，只是在一些人身上特别明显，他们的生活、工作一团糟。这样的人肯定不是一个成功的时间管理者。这样的情况就是所谓的"盲碌"了：忙了一阵子，自己也不知道都做了些什么。

我们需要的是真正的忙碌，即有条不紊地抓紧时间做完要做的事情，有目的、有规划地忙着自己的事情，而且不把时间浪费在不必要的事情上。这样真正忙碌的人才会统筹规划，才会知道事情的轻重缓急，才能有更多的时间去享受生活。

不管你是如何"事倍功半"，你总能在身边找出活得很滋润的人。其实你仔细看看就会发现，自己并不是世界上最忙的人，比你事情多的人其实很多，但是他们并不一定就比你活得忙。

按理说，企业家应该是很忙的，他们要谈生意、规划公司的未来、管理公司的员工、关心自己的家庭、把握自己的身体健康……但是有这样一位知名企业家，他家庭、事业都很兴旺，自己生活得很有品位又滋润。有人采访他，请教他使家庭、事业兴旺的方法。这位企业家在回答问题之前，首先请这人到他的办公室参观了一圈，然后说："我对职员有一个严格的要求，就是保持环境的整洁。每当我看到东西的安置不合规矩，杂物堆集太多时，就要求全公司大扫除，因为只有在处处整齐有序、条理井然的情况之下，大家才能振奋精神、头脑清醒，这样才能提高效率而容易成功。所以我使家庭、事业兴旺的秘诀就是经常扫除。那些经常说自己忙而没有打扫居所卫生的人，很难说是一个成功的时间管理者。管理不好时间，就会表面忙乱但最后却一事无成。"

是的，就像这位企业家一样，要忙碌却不要盲碌，清理好杂事才能全身心地投入到该做的事情中，才有专一的心情去做好大事。

从现在开始反思你的生活，看看自己是否一直在"盲碌"中度过，看看身边的人谁过得很轻松，别人的时间又是怎么去安排的。作为一个成功者，我们要在忙碌中得到自己要的结果，在忙碌中看出从容不迫，在忙碌中节约时间去安排意外的事情。

想要成功，就必须记住：看起来像陀螺一样从办公室旋转到家，总在不同场合都显得忙碌的人并不一定能得到大的成就。科学地忙碌才能获得效率，成功要靠忙碌而不是"盲碌"。

珍惜时间，从时间管理开始

美国通用公司总部大楼里有一句惹人深思的训言："我荒废的

今日,正是昨天殒身之人祈求的明日。"明天再美好,也不如抓住眼下的今天多做点实事。给重要的事情留出必要的时间,是保证自己工作任务有序进行的前提条件,同时也是商业精英做事的优秀习惯之一。

人的时间和精力都是有限的,所以,要利用时间抓紧工作,而不是将所有的业余时间都用来睡觉。有的人会这样说:"我只是在业余时间小憩一会儿而已,业余时间干吗把自己弄得那么紧张?"但爱因斯坦就曾提出:"人的差异在于业余时间。"获得哈佛大学荣誉学位的发明家、科学家本杰明·富兰克林就是一个很善于分清事情轻重缓急的人,而且在时间管理上一直都没有懈怠过。

时间管理的目的是决定该做些什么,什么事情不该做。在时间管理上,领导者最大的困扰是:有太多来自外界的干扰,会迫使自己随时放下手边的工作去做其他的事情。事后回想,发现想做的事未完成或未做好,未计划的事反而做了并占用了大部分时间,感到自己及团队的效率低下。因此,想给重要的事情留出时间,首先就应当分清楚什么是重要的。

有一个时间管理的理论,以"轻-重"为横坐标,"缓-急"为纵坐标,以此来建立一个时间管理坐标体系,把各项事务分为四类并放入这个坐标体系中:

①紧急又重要:如处理危机、客户投诉、即将到期的任务等;

②重要但不紧急:如建立人际关系、新的机会、人员培训、制订防范措施、长期工作规划等;

③紧急但不重要:如电话铃声、不速之客、行政检查、主管部

门会议等；

④既不紧急也不重要：如客套的闲谈、无聊的信件、个人的爱好等。

重要的事情必须留出时间。很多时候，有些人会抱怨：当自己发现什么是最重要的时候，已经晚了。然而在美国工商界精英的世界里，却没有为时已晚这一说法。

安曼曾经是纽约港务局的工程师，工作多年后按规定退休。开始时他很是失落，但他很快又高兴起来，因为他有了一个伟大的想法：他想创办一家自己的工程公司，要把办公楼开到全球各个角落。

安曼开始一步一步地实施自己的计划，让由他设计的建筑遍布世界各地。在退休后的三十多年里，他实践着自己在工作中没有机会尝试的大胆和新奇的设计，不停地创造着一个又一个令世人瞩目的经典：埃塞俄比亚首都亚的斯亚贝巴机场、华盛顿杜勒斯机场、伊朗高速公路系统、宾夕法尼亚州匹兹堡市中心建筑群……这些作品被当作大学建筑系和工程系教科书上常用的范例，也是安曼伟大梦想的见证。86岁时，他完成了最后一个作品——纽约韦拉扎诺海峡桥，它是当时世界上最长的悬体公路桥。

生活中的很多事情都是这样，如果你愿意开始，认清目标，下定决心去做一件事，永远不会嫌晚。其实，时间管理和我们的信念息息相关。我常对他人说，事情在我们心中的重要程度，决定着我们如何安排及运用自己的时间。时间管理的重点不在于管理时间，而在于如何分配时间。

人的一生时间有限，我们永远没有时间做完每一件事，但有时间做对我们来说最重要的事。成功地界定事情的重要程度就已经解决了时间管理问题的一半。让我们每天安排多一些时间去做"重要而不紧急"的事,如建立人际关系、锻炼身体、安排每年体检、推动员工培训、关心孩子的成长与学习、把家乡的父母接来定居等,这些事情需要提前考虑和计划,实际实施时却可以在时间上灵活机动,因为有许多事情是没法到最后补救的。

不"盲碌",朝着目标前行才会有收获

"凯莉,下午陪我去逛街吧?"露西热情地邀请。

"其实我想去,但是还有一些事情没有完成呢!"凯莉边忙边回答。

"你这家伙,这周我们只有十单任务,我们姐妹都能完成,你的进度为何慢呢?"露西惊讶地说道。

"我也不知道是什么原因,尽管我老是不停地忙,可还是没你们做得快!是我效率太低还是其他原因呢?我总觉得每个细节都很重要,都需要花很多的精力才能完成!"凯莉这时也懊恼起来。

"陪我去吧,逛街多好啊。不仅能买到很多称心如意的东西,还能呼吸新鲜空气、看看蓝天上飘着朵朵白云、感受一下清风徐徐地抚着我们的脸颊。马路两侧的景色也优美,我们的心情都会随之快乐起来。对了,这几天有好多商场有促销活动呢!"露西开始滔滔不绝地尽情煽动。

"我已经两个多月没有逛街了，我也不明白自己整天在忙什么呀？"

凯莉是一家公司的销售人员，她通常只会在春季和节假日比较繁忙，平时都挺轻闲的。可是就这样的在别人看来挺清闲的、时间可以自由支配的人，竟然自己都不知道整天忙些什么，就连逛街的时间也没有。看着身边比自己任务繁重的人都没自己忙碌，她不禁陷入了沉思。

其实，凯莉的问题在于她没有明确的目标，所以不能制定出有针对性的时间计划。这也是很多年轻白领存在的问题，尤其是在执行工作任务时，目标不明确时间安排就不会很合理，效率也会相应低下，看似在工作中要比同事投入的时间和精力多，可就是成绩平平，永远没有突破。

如果我们在生活、工作中存在这样的问题，那就和凯莉一起来听听露西的建议：首先建立明确的目标，然后根据时间管理的合理性制定出具体的行动计划，最后按照计划按部就班地一步一步去逐个落实。行动计划需要细化，不仅是制定出月计划、周计划就可以了，还要制定出日计划。

凯莉按照露西的建议实践了一段时间后，果然就可以十分顺畅地处理自己的事情了。后来，凯莉还将自己的计划与实施结果不断对比和改进。很快，凯莉不仅有了逛街的时间，还有很多空闲时间进行娱乐活动。

能够设定目标，并有效对时间进行管理，让分分秒秒都发挥出最大的效益，对我们每个人都非常重要。我们要想完成自己的工作，就必须学会如何合理地运用时间。在现在这样一个信息化社会，我们的时间和精力是有限的，时间很宝贵，转瞬即逝，但它又是富有伸缩性的，只要灵活安排就可以发挥出最大效力。

法国博物学家让·亨利·法布尔曾做过一项有趣的研究，他研究的是巡游毛虫：

这些毛毛虫在其中一只的带领下，在树上排成长长的队伍前进。法布尔把一组毛毛虫首尾相接地放在一个大花盘的边缘上，它们排成了一个圆形的队列，开始绕着花盘的边前进。当法布尔在毛毛虫队列旁边摆了一些食物的时候，他本以为毛毛虫会厌倦毫无意义的爬行，解散队伍，不会一条接着一条地爬行而转向食物。但出人意料的是，毛毛虫沿着花盘边以同样的速度一直走了七天七夜，只要不饿死，它们就会一直走下去。

毛毛虫们一直在遵循着它们的本能、经验、习惯或者说是传统，不辞劳苦地付出着，却是没有意义，没有结果的。

很多时候，我们首先要弄清楚自己想要什么，自己的目标是什么，然后再去努力付出，这样才不会做无用功，也不会在努力之后，却突然发现自己的付出是毫无意义且没有结果的。

而有些人虽然制定了目标，但却总是不能时刻铭记目标，因而无法专心实现目标，致使迷失于通往成功的道路上。许多不成功者就像毛毛虫一样没有明确的目标，甚至是没有目标，他们自以为忙碌就是成就，勤劳就是成功，而不知道目标明确的忙碌而非"盲碌"才是正确的道路。明确目标，时刻把目标铭记在心上，朝着目标去努力才能实现理想，不断走向成功。

我们要养成良好的时间管理习惯，并且时刻根据目标的实现进度正确地评估自己的时间管理系统，才能在努力中不断发现自身存在的缺点和不足，从而及时改正，否则我们很容易成为时间的奴隶，并且很难取得理想的成绩。

别浪费时间在对成功无益的事情上

时间对我们每一个人都至关重要，某种意义上说，成功就是时间的积累。经过科学研究已经得出这样一个结论：掌握任何一项技能，如舞蹈或弹钢琴，要想达到较好的程度你需要花费3000个小时，要想达到专业水平则需要10000个小时。如果你用20年的时间在一项事业上刻苦钻研，那么你就一定会成为这个领域的佼佼者。

拿破仑·希尔指出：利用好时间是非常重要的，一天的时间如果不好好规划一下，就会白白浪费掉，消失得无影无踪，我们就会一无所成。经验表明，成功与失败的界线在于怎样分配时间、安排时间及利用时间。人们往往认为，短短的几分钟或几小时的浪费不会有明显的损失，但事实上它们的作用很大。时间上的这种差别非常微妙，需要经过几十年才会体现出来。

人们不能掌握命运，却可以规划时间，管理好自己每一天的行为，而所有这一切累积在一起，就构成了一个人的命运。这样看来，每个人都是自己命运的编剧、导演和主角，我们有权把自己的人生之戏编排得波澜壮阔、华彩四溢，也有责任把自己的人生之戏导演得精彩纷呈，更有义务把自己的人生之戏演绎得卓然出众。我们拥有这项伟大的权利——选择权。

我们所要做的就是把精力集中在能获得最大回报的事情上，别花费时间在对成功无益的事情上。

现如今，听到的最多的话恐怕就是"我太忙了，恐怕我会忙到年老发白了吧"。无论是工作不久的年轻白领，还是事业稳步上升的管理者，似乎每个人都在忙，忙得天昏地暗，忙得晕头转向。忙碌的人们在"金钱"与"健康"的物物交换中，损失掉的是身体健康与精神活力。难道我们真的要持续这种忙碌的状况吗？答案显然是否定的。我们要勇敢地向"忙碌"说再见。

我们经常听到某大型企业的项目部负责人说他几乎每天都失眠、头晕、呼吸紧张、心跳加快、容易心烦意乱，觉得自己经常为工作奔波劳碌，很难应付；某公共事务管理人认为自己的工作责任不大，没有什么刺激的事情，缺乏挑战和发展潜力，这样的工作使他感到无聊和乏味，因而工作时经常无精打采，没有动力，找不到激情。

以上两个例子中的种种症状，其实都是因为长期忙碌于工作导致出现了工作疲劳症。在忙碌中，我们失去了健康、远离了个人爱好、忽略了家人朋友……失去了太多原本属于我们的快乐。很多人忙得甚至没有时间看一眼工作以外的世界，这种忙碌最终换来的只能是我们越来越闭塞的人生、匮乏的思想和疲惫多病的身体。

"忙碌"曾经一度是充实的代名词，但现如今人们因为忙碌付出的代价似乎比充实更多更大，而这些代价却又往往是人生的乐趣所在。仅仅作为谋生手段的工作是不快乐的，发挥智能和实现生命价值的工作才是快乐的。只有当工作和生活能相互平衡时，它们才能相互促进，从而提升工作和生活的整体效率和质量。如果某人仍然每天处于忙碌之中，那么就说明一个问题——他（她）的时间管理是不到位的。

重新审视你的生活价值

嘿，忙碌的人们，请停下匆忙的脚步，回头看看自己曾经走过的路，想一想生命的意义与生活的价值。

现在有很多哲学家和哲学书籍在探讨生活价值的问题，也有很多人在阅读这些理论。可是理论终归是理论，它并不是记录在笔记本上或存储在电脑里就能起到作用了。真正的生活价值在于每个人的生命中都有不同的意义，是要个人在生活过程中不断总结归纳的。给我们最好的建议就是：在忙碌的生活中，偶尔停下来反思一下、审视一会儿。

人是有灵魂的生命，有灵魂就有他要追求的价值，一个灵魂能够为他所追求的东西而不惜付出任何代价，因为它拥有自己的梦想。追求自己的梦想，并为其努力奋斗，其实是一件非常快乐的事情。

人生中，每个人都有自己的舞台，在这个舞台上，自己就是主角，也是这个舞台上的导演，自己是能够决定自己演一个什么样角色的，那就去选择一个自己喜欢的角色，即让自己能够用尽全力去扮演好的，能够反映真实的自己的，表现活得有意义的自己的角色，这样人生才不会虚度，才能留下美好的回忆。

千万不要一辈子都忙碌于自己并不想做的事情，只要自己不喜欢，那就应该立刻放弃，人生需要舍得，因为对我们来说，如果做的事情连自己都不喜欢，那就没有什么太大的价值，更谈不上什么意义了。朋友们，让我们一起告诉自己：不要一辈子在别人的舞台上做配角。如果不能够在自己的舞台上，不能演绎自己舞台上的主角，我们就很容易迷失自我，这就必然导致当我们的人生之路走到尽头时，会发现自己的人生是没有意义的。

做有意义的事情，就是对得起自己，对得起养育自己的人，对得起培育自己的人，这是做人的根本，更是人生意义所在。

年轻的苏珊出身平凡，高中毕业后她在超市当收银员来维持自己的生计，生活上毫无追求和目标。她的父母于是帮她报名参加成功学课程学习，她对此很冷淡，只是听父母的话才愿意参加培训。同样也出身贫寒，通过自身努力取得个人事业成功的提亚哥校长出于善良之心，决心帮助默默无闻的苏珊重新建立人生。在提亚哥校长的耐心开导下，苏珊逐渐扭转了心里的想法，并发掘了自己的天赋和爱好——烹饪，从此，苏珊决心要做一名全美闻名的五星级大厨，她朝着这个人生目标努力，并最终取得了成功。

重新认真的审视自己所做的事情吧，看看自己目前所做的一切到底有没有意义。通过不断地思考，完善并坚定我们的人生观、价值观，然后，找到符合我们的价值观和人生观的事情。找到了这些事情，然后呢？放手去做吧！只有这样，等我们走过人生路的最后阶段，我们才会发现自己是快乐的，自己的人生是有意义的。

聪明地挑选该做的事

人的一生中会有很多要做的事情，但实际上其中有很多是没有必要做的，所以，我们要学会一种本领，那就是挑选该做的事：学会去辨认什么才是最重要的事，只是挑选那些最重要的、该做的事情，然后全身心的去投入，去坚持。

世界上有两种人：一种人，虚度年华、耗费光阴、没有理想，没有目标，过着毫无意义的生活；另一种人，珍惜人生、拥有理想、目标明确，过着有意义的生活。

在第一种人的眼里，生活就是一场睡眠，这场睡眠如果发生在既柔软又温暖的床铺上，那他便十分满意；在第二种人眼里，生活就是建立功绩，他不需要柔软温暖的床铺，他需要不间断地奋斗，即使过程很辛苦，他也依然能发觉到甜，因为那是他要的人生。他们在实现这个功绩的过程中，挑选了实现自己目标最该做的事，寻找到属于自己的幸福，享受着自己的幸福。而第一种人的失败就在于他无力挑选自己最该做的事，即便他有时会很忙，那也是毫无头绪的"盲碌"。

很多人无法达到成功的最大问题在于不知道该如何去展示自己，不明确自己该做什么，又该放弃什么。只有明确自己的人生目标，学会挑选自己该做的事情并全力以赴接受挑战，我们才有可能成功。

那么，到底该怎样去挑选我们该做的事情呢？这也是因人而异的。不过，无论我们将要从事哪一行业，以下这些都是我们应该尽量避免发生的：

无视别人对我们的期望。这并不是让我们唯命是从、唯唯诺诺，而是必须在团队里确定自己的价值

为钱而工作。唯利是图、只考虑金钱收益的想法会毁了自己。

花边新闻的大喇叭。热衷于传闲话的人只会被亲人朋友所抛弃。

总是不能如期完成任务。要有集体意识，要记住：我们是团队里的一员，自己误了最后期限，最终结果是会连累所有的人。

上班做私事。没完没了地打私人电话、浏览网页、聊天，只会增加被炒鱿鱼的概率。

上述行为都是在浪费我们宝贵的时间，不但对我们的人生没有任何帮助，反而会让我们为之付出沉重的代价。

工作和生活中，学会聪明地挑选自己该做的事情，不仅会使我们的事业得到长足的发展，还可以使我们的生活幸福、家庭和睦，这何尝不是一种生存能力呢？

更有效地解决生活琐事

生活中有很多琐碎的事情，这些琐事占据了我们宝贵生命中

的大部分时间。这对我们不利，因为原本我们可以利用这些时间来工作、与家人相处、或是休息。那么，让我们想办法来解决这个问题，试着去寻找能帮助解决生活琐事的代理机构来完成这些事情。在这里，我们并不是宣扬奢侈的生活观念。只是为确实很忙碌的您提这样一个合理化建议。

其实这样解决问题是一种很好的方式。一方面，我们为自己节省了很多时间；另一方面，我们为一些服务性行业的员工提供了工作。这难道不是对双方都有益处的事情吗？

任何事物的产生都是有原因的，服务业的产生也是同样的道理。因为快节奏的生活，我们没时间洗衣服，所以有了洗衣店；因为假期通常短暂，我们没有太多的时间搬家，于是有了搬家公司；因为繁忙的工作，我们没有时间打扫房屋，这样就有了钟点工；因为我们紧张的时间，我们没有时间看护孩子，于是有了保姆……在当今社会中，为了适应快节奏的生活，这种服务行业比比皆是。它们当然有它们存在的道理，那就是——我们需要它们。

这是很正常的供需关系，是社会文明的进步而非退化。有人把寻找代理机构这种事看成是现代人日趋懒惰的表现，其实不然，我们这样选择的原因，并不是因为懒惰，而是为更重要的事情节省时间。而这里所说的"更重要的事情"就是我们社会进步的原动力。

当然，这可以作为一种生活方式的选择，要视具体情况而定。如果你要做一名优秀的科研人员、IT精英、自己创业、优秀的企业家……那么，我们就要从现在起，培养这样的意识，告诉自己当我们需要把精力集中在某一件事情上时，就该把生活琐事托付给代理人员了，也就是常说的"各取所需"，这才是社会最佳配置。

生命是有限的，更是短暂的。在有限而短暂的生命过程中，我们的追求却是无止境的，既然改变不了生命的长短，我们就只能尽量高效地利用它。社会的进步需要我们每个人的共同推进，我们在为别人的美好生活努力工作，同样，别人也在为我们能安心工作而工作着。

社会是个奇怪而神秘的集合体，在这个集体中，我们每个人扮演着不同的角色，最终的目的是要实现社会的发展。所以，在生命的过程中，多为自己的社会角色争取时间，同时也为别人的社会角色成就打基础，共同来成就社会的发展。

寻找可以为我们解决琐事的代理机构，这不是个坏主意。至少培养这样的生活意识是不错的。

专心地做好目前最应做好的事

一位哲学家旅行时经过一片荒漠，眼前是一片荒弃的废墟。哲学家停下来想休整一下行装，于是把一座双面神神像的石雕弄正后坐下来。望着历史的长河里的城市遗址，想象这里曾经有过的悲欢离合，他不由得感慨万分。

突然，坐下的双面神问道："朋友，你为何感叹啊？"

哲学家很好奇这个神像为什么会有两副面孔，于是便说出了自己的疑问。

双面神回答说:"因为这样我可以用一副面孔审视过去,吸取所犯过错误的教训;另一副面孔则可以展望将来,描摹无限美好的蓝图。"

哲学家听完神像的解释后说道:"过去只是现在的残存,无法也没有必要再挽留;未来是现在的预演,一个人没办法提前迎接未来。唯有不放在眼里的现在,才是我们真正能把握住的。如果放弃现在,即使我们能完美地审视过去,能准确地掌控未来,又有什么用呢?"

双面神听了哲学家的一番论述,感慨万千,他说:"朋友,直到今天我才明白我沦落至此的原因。很久以前,我负责镇守这座城池,我自夸能够一面了解历史,一面展望未来,唯独唾弃"现在"这唯一可以把握的关键。结果,敌军一进攻,我无力抵抗,城池就破灭了,它的辉煌转眼成为陈年往事,我被抛弃在废墟中,接受着人们的鄙夷和唾弃。"

历史已是过去式,未来则是将来时,当下才是现在进行时,只有当下是我们切实能把握的,现在决定未来。一面了解历史,一面展望未来,看起来似乎很有魄力和远见,但他唯独放弃了现在,就等于放弃了未来,这就是两面神的悲哀。

史蒂芬的女儿玛莉亚最近刚生了第三个孩子,有一次父女俩聊天,玛莉亚说:"爸爸,我很烦恼,你知道我很爱这个小孩,但是她几乎占据了我所有的时间。我什么事都没法做,偏偏有些事又离不开我。"史蒂芬十分理解女儿的挫折感,因为玛莉亚既聪明又能干,生活非常充实,手中总有忙不完的事。

经过讨论，他们得出一个结论：玛莉亚的挫折感根源于她的杂念太多，事实上目前她最重要的事只有一件——好好享受生儿育女的喜悦。史蒂芬向她建议道："尽管放松心情，享受与孩子的共处，因为全世界只有你能为她付出最深的爱，其他任何事情与之相比都显得微不足道了。"玛莉亚也明白了，在短期内自己的生活一定会失衡，等孩子长大一些，她就能够去追求其他的目标了。

"专注于某一刻"就是当我们做某一件事的时候，不要试图为另一件事做计划。当我们在做一件事的时候就不要去想另一件事。哲学家亚当斯曾经说过："任何大的学问，都不如聚精会神更管用。"只有主动清除头脑中分散注意力、产生压力的想法，才能使我们的思维完全进入眼前的工作状态。把我们的注意力集中在最需要关注的事情上，专注当下，就可以促使我们的工作更有效率，也能使我们的生活更丰富多彩。

每天为思考留一些时间

一天深夜，著名的现代原子物理学奠基者卢瑟福教授走进自己的实验室，看见一个研究生仍勤奋地在实验台前工作。

卢瑟福关心地问道："这么晚了，你在做什么？"

研究生答："我在工作。"

"那你白天做什么了？"

"我也在工作。"

"那么，你整天都在工作吗？"

"是的，导师。"研究生带着谦恭的表情承认了，似乎还期待着卢瑟福的赞许。

卢瑟福稍稍想了一下，然后说："你很勤奋，整天都在工作，这自然是很难得的，可我想问一下，你在什么时候思考呢？"

卢瑟福对勤奋的质疑，使研究生明白了用足够的时间来思考的重要性。

有位记者曾问年轻的微软公司总裁比尔·盖茨："作为当今全美的首富，成功的主要经验是什么？"

比尔·盖茨十分明确地回答说："一是勤奋工作，二是刻苦思考。"

思考是智慧之花开放的前夜。一次深思熟虑，胜过百次草率行动；一天思考周到，胜过百天盲目行动。一个善于思考的人，才是真正有巨大能量的人。爱因斯坦说得好："要善于思考、思考、再思考，我就是靠这个学习方法成为科学家的。"

从现在开始，每天在勤奋工作的同时，留给自己一点独处的时间（至少30分钟）来静静思索。这个时间可以是清晨，也可以是夜晚，只要头脑清醒且没有干扰就可以了。趁此机会好好梳理一下学习的头绪，分析一下目前面临的主要问题，预测一下未来学习的走向。这时潜意识会自动地打开你的记忆宝库，适时供应所需的各种资料，这种思考会帮助你想到许多基本事项，理清各种思路，比如"我还要怎样才能做得更好？""下一步应该怎么做呢？"

无论如何，你每天都要抽出一点时间，思考一下自己的前途，思考一下自己选择的路是否正确，思考一下自己到底想要什么样的生活。总之，学会在工作中思考，这样才不会在忙碌中迷失自己。

五个核心秘诀，让时间变成效能

第二部分

Chapter Two
第二章

计划为先——
开始使用时间
的原则

时间是每个人最珍贵的财富，只有高效、迅捷、善于有效利时间的人，才能在有限的人生中获得最大的进步和突破。成功人士都是时间观念强、善于运用时间、做好计划安排的人。计划就像是实现目标的蓝图，合理安排时间和任务，可以促使你按照计划实行任务，排除困难和干扰，坚持执行计划可以磨炼你的意志力，让你更有效的利用时间，提高效率。

根据自身条件设定目标

一个人如果没有目标，就一定没有奋斗的动力，这就谈不上成功不成功了。在这个世界上，没有目标的人又在为有目标的人达成目标。在任何领域中，成功人士重要的特质就是：有明确的目标。

确定目标是通往成功的金钥匙。爱德华·布尔沃·利顿这样写道："成功人士是那些确立了生活目标并为之不懈努力的人。即使是天才也需要通过设立一个目标不断增强自己的力量。一个触觉敏锐而且办事踏实的人通常能成为天才。"任何有明确目标且能全身心投入其中去追求它的人都能够成功。

明确的目标会使我们看清使命、抓住重点、把握现在、使重点从过程转到结果，因此目标的设立是时间管理和走向成功的首要前提。

威尔·罗杰斯曾说过："人们应当设立通过努力可以达到的目标。"不切实际的目标，只不过是美丽的肥皂泡，终究是要破灭的，这样的目标常常给人以挫败感，往往会让人丧失为目标奋斗的信心。例如一位初次创业者为自己设立的目标是投入5万元的启动资金，一年后不但收回成本而且赚取200%的利润，第二年实现公司化运作并取得100万的营业额目标。这个目标虽然清晰、已量化、也有完成期限，但在正常情况下是无法实现的。一个好的目标应当是：只要勤奋努力、坚持不懈，就可能达到的。一个好的目标既不是高不可攀，也不是唾手可得的。

既然目标如此重要，我们接下来就该好好思考一下：目标是如何设定的呢？在目标设定的过程中，我们究竟应该考虑哪些要素呢？是单纯地考虑我们自身的条件？还是把注意力集中在我们四周的所有有关的因素呢？实际上，在设立目标的过程中，我们一定要考虑自身的条件。

自身条件包括自己的爱好兴趣、专业特长等。如果目标契合自己的兴趣爱好，那就必然会产生内在的动力和激励，使自己的工作和生活在快乐中走向成功。兴趣本身就是成功的一大重要的推动力，只有结合自己的兴趣而设立的目标，才能使我们的潜能最大限度地被激发出来，使我们能够长期专注于某一方向，并为之做出艰苦的努力。

曾经有人研究过：如果一个人结合自己兴趣设立目标，就能发挥全部才能的80%~90%，而且能长时间保持高效率而不感到疲劳；如果对自己所设立的目标没有兴趣，则只能发挥全部才能的20%~30%。所以，我们要通过分析发掘自己的兴趣点，然后结合自己的兴趣设立合理的目标，再朝着目标不间断地、脚踏实地地努力就行。

当我们设定目标时，必须考虑所设定的目标与我们的兴趣爱好是否一致。如我们想当创业者，那么我们心里就要问一下：我爱这一行吗？我对自主创业感兴趣吗？比如，我们想当作家，就要在心里问自己：我喜欢写作吗？当我们想往律师事业上发展时，就要在心里问自己：我喜欢法律吗？我对律师职业感兴趣吗？

如果不喜欢、不感兴趣，千万不要选择这样的目标。从事自己感兴趣的事业，就会接受一切困难和辛苦，生活也会充满乐趣；相反，如果从事自己不感兴趣的事业，那比蹲监狱还难受，也不可能在这项事业上取得成功。

你想获得成功吗？那么请你在选择人生目标时，最好让目标与你的兴趣一致，与你的爱好接轨。如果你的目标与自己的兴趣爱好不一致，而自己又无力改变这种局面，那么就想办法爱上它，让它成为你所追求的事业。

你是那种办事严谨，要求一切事物都要精确到小数点后第3位的人吗？那么你可以选择做会计师、核物理学家或是结构工程师。如果你是一位直觉敏锐、有艺术家气质、创造力强的人，那么你把理想设定为从事会计方面的工作将很可能会受到打击。同样地，如果你喜欢一个秩序井然的结构化的世界，你可能不喜欢那种狂欢节型的氛围或模糊朦胧的环境。不同的环境适合不同的性情。要事先充分了解自己的性格特点，以便对不同的环境进行评估，从而决定某种环境是否是适合自己发展的土壤。

每个人都有自己的特长和缺点，只有结合自己的长处设立目标，才会在努力后取得理想的结果。因为根据特长来设定目标，就可以提高竞争力，使得自己有个很高的起点，只有从事自身富有竞争力的工作，个人才能发展得更好。

目标一旦确定，不要轻易改动

许多人有目标，并且目标还不少，可是他们为什么没有成功呢？因为绝大多数人没有只选择并坚持不懈地追求一个目标而放弃其他目标。绝大多数人都是抱着试试看、不行就退出的心态，他们不够专一，没有一个恒定的目标，他们天真地认为事物会自动向好的方向发展，或者会得到别人的关照。

不成功的人有两种：一种是根本不设立远大目标的，另一种则是经常设立目标但却频繁变换目标的。不设立远大目标的人喜欢随遇而安，数着时间而生活。他们没有什么目标，更没有什么理想，不会为之奋斗，从而也不可能有辉煌的未来。而经常设立并频繁变换目标的人则属于意志不坚定的人，他们总会因为外界的诱惑或者突发的困难而改变自己的目标，到最后变成了没有目标。

为什么后一种人终究成不了大器？一个人的精力是有限的，能做成的事情也是有限的，要想成为一个面面俱到的人是不可能的。如果自己有很多目标，今天想当音乐家，发现自己嗓音不行，就转而去办企业，这样只是让自己从一个平台转到了另一个平台，并没有技能的累积，无非是在单纯的耗费时间。

成功人士都是那些有明确的目标、制定了周密的实施计划并持之以恒去追求目标的人，而不是那些没有确定目标的人。本杰明·迪斯雷利写道："成功的秘密在于坚定不移地去追求一个目标。"

我亲爱的朋友，不管你从事什么样的职业，你的梦想是什么，只要你确定了自己的目标，就应勇往直前，永不放弃。当我们放弃了自己的目标，就等于和成功告别了。不放弃，才有可能实现我们的目标，拥抱成功。

太阳是十分伟大的，对地球来说，在没有任何介质的情况下，只能普照大地而已，但是如果用放大镜将伟大而分散的阳光聚焦于某一点，就可以点燃一根火柴。能做饭和煮鸡蛋的太阳灶便是运用了将能量集中于一点的原理。因此，许许多多的事实告诉我们，专注于一点可以产生奇迹。

一位优秀的钢琴调音师，从事这项工作已经几十年了。有一次，有人发现了一个让人惊讶万分的事情：他调琴并不是像人们想象的那样，用手拨动琴弦，然后用耳朵去辨认音阶和音色，而是拨动琴弦后用他的鼻子去闻，只要闻上几十秒钟，他便可以清晰地校音了。

有人问他这是为什么，他说刚开始的时候他也是用耳朵听，静静地去辨认，后来，由于每天如此认真地重复，渐渐地他发现自己的嗅觉竟然也有了辨认音阶音色的能力，而且是不知不觉中形成的，为此他自己也感到奇怪。

奇迹通常就在专注中发生，甚至人的触觉也会转移。说是奇迹，其实就是人的潜能得到了发挥，在专注的前提下。

只要你专注于自己的目标，一旦确定信念就坚定不移，你一定会爆发出让自己都惊奇的力量。

但是，很多人都会有这样的毛病：在刚开始做事情时往往充满热情，但是激情过后很快就会因为缺乏坚韧与毅力而半途而废，尤其是在坚持的过程中，遇到种种困难的时候更容易放弃。

朋友们，我们要明白：任何事情都是开始容易结束难。如果我们在目标执行的初始阶段就养成了有始无终、半途而废的坏习惯，那么在后面的执行阶段中，就永远不可能出色地完成工作任务，我们又如何成为一名成功人士呢？只有持之以恒才是顺利完成工作任务的重要因素。只有经得起种种考验的人才能最终实现目标。

因此，一旦自己确定了目标就不要随意改动，只有全身心投入，把有效时间花费在这个愿意为之奋斗的目标上，才能获得更大的成功。

事前做好计划，事中才能顺利

无论做什么事情都要有计划。也许在很多人看来，做事前进行计划是毫无意义的，而且耽误时间。可是他们忽略了一点：机会总是留给有准备的人的，也许最终决定成败的，就是我们的计划如何。

杰克经营着一家规模不大的公司，他的办公桌前总是有人找他谈公事，而且平时他总是一种风风火火的、很繁忙的样子。可是就算是这般忙碌，公司自开办以来，效益是一天不如一天。经过细致分析后，杰克才发现原因在于自己做任何事情都没有事前计划。公司开会，他从不准备发言稿，讲话的内容也经常漫无边际，不仅耽误了大家的时间，内容也常常让员工们无法领会的。

杰克的朋友亨利也经营着一家公司，他的公司不但规模大而且效益好，并且经常能看到亨利十分惬意地坐在办公室里看报纸，从未见过他火急火燎的样子。从小亨利做事就比较有计划，后来自己创办了公司，也要求员工做事前计划，所以公司效益不错。

你在工作中有计划性吗？你在动手之前愿意去做准备工作吗？其实，人用在工作计划上的时间最为值得，遗憾的是，很多人一看到事务繁多，就不做计划直接实施，结果也没做出什么好结果。究其原因，就是他们为了完成眼前的事，而忘了怎样合理地计划，以最好地去完成这些事。

做事有计划，不仅能帮助我们有条不紊地照料自己的生活，也能帮助我们更好地工作和处理各种事情。在走向成功的道路上，做事没有条理、没有计划的人将会比其他人走得更辛苦。

制定一个清晰、规范的计划，可以使我们在具体工作中明确工作内容的轻重缓急，然后按计划有序地去做，这样既有条理又有效率。反之，无计划的学习就好像一盘散沙，让我们开始学习时就感到无从下手，这样不仅耽误了我们的时间，降低了我们的效率，而且长期如此也会使我们的精神处于一种杂乱无序的状态，带给我们一种无形的压力。你知道吗？现在很多上班族由于压力过大而患上了心脑血管疾病。

大学毕业后奥利弗到一家软件公司从事软件开发工作，凭着对工作的满腔热情和年轻的冲劲，每当被分配任务后，奥利弗马上开始编写程序。最初并没遇到什么问题，直到他开始接触到现场实施的工作，才发现一个大的系统在客户现场不断出现诸多的问题，而这其中很多问题都是由于开发人员没有经过充分的思考而导致的，有时甚至是无法轻易修改的结构性错误，于是越来越多的痛苦慢慢地变成了他思考的原动力。

后来奥利弗当上了项目经理,有权力将自己思考的结果释放出来了,他便开始采用各种方式引导项目部成员改变长期形成的错误习惯,促使他们尽量多设计、多思考。经过两年多的实践,所有的想法得到了考验和完善,他和大家一起形成了牢固的"周密的计划是成功的必备"的认识和习惯,也体会到了事前计划带来的益处。

可见,工作时先计划后执行,不但会大大节省动手的时间,还能提高工作质量。

时间管理上有一种说法就是"计划的节省是最大的节省",也就是说,只有事前做好充分的计划,生活、工作才能忙碌而不混乱,从而提高效率,节省时间。培根告诉我们:"敏捷而有效率地做事,就要善于安排做事的次序,分配时间和选择要点。只是要注意这种分配不可过于细密琐碎,善于选择要点就意味着节约时间,而不得要领地瞎忙等于浪费时间。"

所以,我们要学会做事有计划,对自己要做的事情要有具体的时间规定,有准备、有措施、有安排、有步骤,这样才能事半功倍。

那些取得杰出成就的人,常常源于做事有计划:

著名化学家福井谦一上学时化学测验总是不及格,曾因此打算放弃学业。在父亲的鼓励下,他制订了学习计划,从头补起,从不及格到及格,成绩不断提高。1981年,他获得了诺贝尔化学奖。

我们以前可能没有意识到事前做计划的重要性,也可能意识到了但总是懒得去做,如果是前者,那就从今天起让意识统领自己的行动;如果是后者,那就改掉这种恶习。

任何时候都请记住：周密的计划是成功的必备条件！

给实现目标一个明确、合理的"死期"

审视我们的目标，预期希望达成的时限。我们希望何时达成呢？有实现期限的才能叫目标，没有时限的只能叫梦想。梦想要成真，就一定要有期限。当你把期限写下来，你就可以清楚地了解，这个目标是太急了还是太慢了，如果太多目标都定为在同一个时间内实现的话，就应该做适当的调整。

大成功是由小成功累积而来的，在达成无数的小目标之后，才能实现伟大的理想。每一个目标和梦想，都要设定一个期限。没有时间期限，就没有压力和紧迫感。这就意味着目标执行总是没有启动和完成时间，结果就是没有采取任何行动。一个没有期限的目标，效果是非常有限的。

所以，为自己的目标设立一个期限，自己的潜能也会被激发。因此必须给自己要做的事设定期限，即从何时开始到何时结束。如果我们10月份要完成一个目标，我们现在就必须把时间分割出来：9月份需要达到何种进度、8月份需要达到何种进度、7月份需要达到何种进度、6月份需要达到何种进度……

若每次设定的目标都能达到，我们便会增强自信心。当我们的自信心增强时，我们的行动力也会爆发出来。

如果一个目标是不合理的，没有实现期限，也没有天天衡量进度，这是注定要失败的。即使偶然取得了成功，一定也是侥幸得来的。千万不要靠运气，而一定要靠目标和计划生活，这是成功者必备的条件，也是他们不断在做的事情。

目标可以分为：

＊短期目标　长达 1 年

＊中期目标　长达 3 年

＊长期目标　长达 5 年或更长

当我们设立一个期限的时候，就会有相应的检视进度的标准，只要我们不断检视自己的标准，实现的概率就会随之增大。千万不要做事情没有期限，不要同别人讨论事情没有期限，不要交代别人一件事情之后只告诉他尽快做，要知道"请你们明天完成这件事"远不如"请你们明早十点半之前完成这件事"更能让对方有紧迫感。

为了更好地保证目标的实现，只有计划是不够的，已确定的目标必须是限定在一定时间去实现，即在确定目标的同时必须限制实现目标的时间。从管理的角度上说，既定目标是一个人在一定时间内所作的一种自我承诺，即承诺在既定时间内所要完成的任务。没有时间限定的目标是没有意义的目标，只是一种空洞的口号而已。

确定最迟的动工日期

有人说目标就是理想与期限的组合，也就是我们要为理想设立最后的期限。而要能在这个期限前实现这个理想，我们相应地也要确立行动的最迟时间。我们周围的许多人都知道自己人生中应该做些什么事，却往往难以付诸实际行动，根本原因是他们在制定目标和计划时，没有为之设立最后的执行日期。为计划设立最后的行动期限，就是给自己一种压力和勇气，激励自己一鼓作气达成目标。

前面强调一定要为自己的目标设立时间期限，为什么"时间期限"如此重要呢？期限的意义就在于可以让我们知道什么时候应该为自己的目标采取行动，又需要花多大的精力。对某个目标有时间上的承诺，就能创造我们所需要的正面压力，从而推动我们向目标奋进。最后期限的目的是告诉我们什么时候开始向自己的目标前进，应该投入多大的精力。对此不应该产生负面压力，而应该产生能推动我们行动的正面压力。

你是否在工作和生活中遇到过这样的情况：

有些事情虽然也是你自己很想做的，可是一直没有排上日程表，一再拖延；有些事情是周期较长的，需要坚持一段时间，然而被其他的事情给冲掉了，没有真正坚持下去；有些事情虽然很重要，但眼下忙，需要过一段时间再实施，然而你竟然给忘记了；还有些事情，需要一定的条件准备，可突然新的事情又来了，你不得不将它取消了……

这些情况都需要想办法去应对，而最重要的一个方法，就是给自己的想法和计划设定一个期限，要向自己宣战！

我们需要和懒惰和拖延较量的，确定最迟的动工日期就等于向自己宣战，它可以使你集中精力并形成紧迫感，从而督促你赶快行动起来。

为了保证我们有持久的动力去追求自己的目标，为了使自己的计划不落空，为行动设立必要的动工日期是必不可少的。这在某种意义上就是要我们与自己签订一份合同并随身携带，从而不断鞭策自己。在合同里，需要清晰、明确地提出我们的目标，其中包括什么时间、以什么方式达到目标、什么时候是行动的最后时间以及达成目标后如何奖励自己。

合同样本

我，_____（我们的名字），将要做_____（行为或目标），历时_____（多久，频率，直到什么时候）。我将最晚_____（什么时候）开始做。我会通过_____（采用的方法）检查进度。我会和支持我的人_____（名字）_____（多长时间一次）评价我的进步。我会奖赏自己_____（激励自己的东西）。

这样时刻惦念着自己的承诺和合同，我们才会克服种种困难去行动。在正面的压力的鞭策下，我们就会在无形中一步一步接近我们的理想。

倒推法：列出"死期"之前每个阶段要做的事

做任何事情的时候，都要从目标出发，根据目标的要求规划实现目标的路径，明确实现目标的条件，并在实施过程中努力发现、借助和创造实现目标的条件，按照路径一步步推进从而最终实现目标。

人的思维模式有两种，一种是"资源导向式"，另一种是"目标导向式"。

"资源导向式"与"目标导向式"

思维模式	资源导向式	目标导向式
内涵	从手头现有的资源出发，按照自己的能力和资源的规定，正向推进，稳扎稳打，步步为营。	不问自己现在有什么，只问自己要实现什么目标，想做什么。做任何事情的时候，都从目标出发，根据目标的要求，规划实现目标的路径，明了实现目标的条件，并在实际做事中努力去发现、借助和创造实现目标的条件，按照路径一步步推进，最终实现目标。
关注焦点	眼睛只盯住自己的篮子，篮子里的才是菜，篮子外面的都是别人的。君子爱财，取之有道。	没有想不到，只有做不到，天下的资源都可以为我所用，这种思想完全没有篮子的概念。网络的推广使资源共享成为可能，只要愿意为我所用，只要能为我所用，我们的就是我的，不必局限于篮子的界限。
思维方式	这种思维强调对现有资源的充分利用，强调自我积累和滚动发展。	这是一种反向思维方式，是一种倒推法：倒推资源配置，倒推时间分配，链接战略战术，链接方法手段。
形象类比	用抽象的话来形容这种思维，那就是物质决定思维，从有做有。	用抽象的话来形容这种思维，那就是精神决定物质，从无做有。

普通人喜欢按照所谓的常理来操作和管理事物，即思维倾向于"资源导向式"，这种人往往总觉得自己时间紧张、资源不足、精力欠缺、资产不多等，做事情总是埋怨客观条件的缺失。

而那些成功光环下的人却往往与普通人的逻辑相反，他们更倾向于换向思考、换位思考、换心思考。我们随波逐流，他逆水行舟；我们附和，他争执；我们墨守成规，他突破传统；我们保守，他创新。最终我们会发现，他们总会在经历我们难以想象的事情后，获得意外的收获。

目标倒推法使人更容易接近成功的原因有以下几点：首先，目标是一个人追求成功的方向；其次，目标会给人一种无形的压力，而恰恰是这种压力会带给人巨大的动力，这样才能向成功逼近；再次，也是最重要的，使用目标倒推法的人打破了篮子的概念，将天下的资源都看成是可以利用的，他的可用资源要比"资源向导式"的人多出不止千万倍，这样自然就更容易成功。

当你问自己"为什么"的时候，你不妨试着问一下自己，你是否清楚知道你自己要的是什么。

五年后的你过着怎样的生活？你的家人五年后又过着怎样的生活？如果你连自己要的是什么都不知道的话，那么你又如何去争取理想的生活呢？不是吗？

我们需要把目标量化、分解为具体的行动计划，采用倒推法，先确定大目标，将大目标分解成为一个个小目标，由高级到低级层层分解，再根据时限由将来逆推至现在，明确自己现在应该做什么，即：

实时行动←更小的目标←小目标←大目标

用"逆推法"分解、量化目标为具体行动计划的过程，与实现目标的过程正好相反。分解、量化大目标的过程是沿逆时针方向，由将来倒推至现在。实现目标的过程是顺时推进，由现在到将来。

这个过程你可以这样进行：

先根据总目标实现的条件，将人生总目标分解为几个5~10年的长期目标，再根据长期目标的实现条件，将其分解为若干个2~3年的中期目标，再继续将其分解为若干个6个月~1年的短期目标，进而将每一个短期目标分解成月目标，再将月目标量化、分解为若干个周目标，周目标则变成若干个日目标，最后，将其依次具体化为每个期限内应该去做什么事情。

不管什么目标，也不管多大，每一个目标都要分解到你现在应该做什么，将你现在的行动与你未来的愿望、梦想联系起来，使目标有了现实的行动基础，否则，你的愿望将很难实现。

根据事务来整合资源，提高效率

有一次，福特经过一个屠宰场，发现屠宰场的流程很有意思，一头猪从被吊上钩子、去毛、脱皮直到被屠宰完成，都是在一个环形的架子上进行的，中间不需要将猪搬运到不同的地方。福特于是就想：自己的汽车生产是否也可以这样呢？于是他就开始将自己公司生产汽车的流程重新改造，协调各项资源，把各个工序的加工人员和加工地点进行合理的匹配。通过不断整合资源，大大简化了生产工艺。不久后，世界上第一条汽车流水生产线诞生了。

流水线生产是对通过资源整合改进工作方法的最好诠释。由于流水生产线的产生，汽车不再需要运送到各个分厂进行装配，只要在一个地方就可以完成全部工序，一切都围绕完成汽车加工这个目标而运行。这样不仅简化了工艺流程，还大大提高了生产效率，节省了大量的宝贵时间，从而带来了丰厚的利润。

从某种意义上讲，当今社会技术已不是关键，根据特定的目标和事物进行资源整合才是最重要的。只有将目标与可实现目标的资源合理地整合到一起，使它们相互作用，才能达到理想的效果，也可以减少一些不必要的时间浪费。

另外，与整合资源密切相关的是工作方法的改进。方法是一把打开问题之门的金钥匙。没有具体的方法，任何美好的理想和愿望都只是一张草图。看起来每个人都一样的忙碌，但完成的任务量可能差异很大，为什么呢？我们需要明白该怎样工作才能提高效率。只有不断改进我们的工作方法，才能让我们十分顺利地处理工作中各个环节之间的关系，摆脱疲劳与忙碌带来的困扰，获得更多的快乐和自由。

现实生活中有许多人活得很累，工作很勤奋，但是就是不能取得突破，原因是什么呢？一个不能合理地整合资源、改进工作方法的人是很难提高自己的工作效率的。时间是金钱，只有重视时间、节省时间才能获得人生的成功。合理地整合资源，不断改进自己的工作方法，既是一种珍惜时间的行为，也是一种积极向上的表现，总能把这种意识在脑子里强化并能在实际行动中展现出过人能力的人，终究会迎来事业的辉煌！

谨防"墨菲定律"，时间预算要切合实际

什么是墨菲定律？最简单的表达形式是："有可能出错的事情，就会出错"。简单说，事情如果有变坏的可能，不管这种可能性有多小，它总会发生。比如你衣袋里有两把钥匙，一把是你房间的，另一把是汽车的。如果你现在想拿出车钥匙，会发生什么？是的，你往往是拿出了房间钥匙。

"墨菲定律"诞生于20世纪中叶，这正是一个经济飞速发展、科技不断进步、人类真正成为世界主宰的时代。在这个时代，处处弥漫着乐观主义的精神：人类取得了对自然、对疾病以及其他限制的胜利，并将这种优势不断扩大；我们不但飞上了天空，而且飞向太空……我们能够随心所欲地改造世界的面貌，这一切似乎昭示着：一切问题都是可以解决的。无论面对怎样的困难和挑战，我们总能找到一种办法或模式战胜它。

正是这种盲目的乐观主义，使我们忘记了相对于已存在了亿万年的茫茫宇宙来说，我们的智慧只是幼稚而肤浅的。世界无比庞大复杂，人类虽很聪明，并且正变得越来越聪明，但永远也不能彻底了解世间的万事万物。人类还有个无可避免的弱点，就是容易犯错误，而且永远会犯错误。正是由于这两个原因，世界上大大小小的

不幸的事故、灾难才会发生。

近半个世纪以来,"墨菲定律"忠告人们:面对人类的自身缺陷,我们最好还是想得更周到、全面一些,采取多种保险措施,防止偶然发生的人为失误导致的灾难和损失。归根到底,"错误"与我们一样,都是这个世界的一部分,狂妄和自大只会使我们付出代价,我们必须学会接受错误,并不断从中学习。

根据"墨菲定律":

* 任何事都没有表面看起来那么简单;
* 所有的事都会比我们预计的时间长;
* 会出错的事总会出错;
* 如果我们担心某种情况发生,那么它就更有可能发生。

所以,在事前,我们应该尽可能想得周到、全面一些,如果真的发生不幸或者损失,就笑着应对吧。

我们都有这样的体会:如果在街上准备拦一辆出租车去赴一个时间紧迫的约会,我们会发现街上所有的出租车或是有客,或是根本不搭理我们;而当我们不需要出租车的时候,却发现有很多空车在我们周围游弋,只待我们一扬手车就随时会停在我们面前。所以有许多事情是我们无法预见的,计划无法做到天衣无缝,这就要求我们在做计划的时候把这种"意外"或者"突发可能"合理地考虑在内,给它们留出时间,这样既可以解决这类麻烦,又可以使计划不受其影响,做到一切都能按计划执行。

以上正是"墨菲定律"及其推论在时间管理上对我们的启示,我们的时间预算要切合实际,合理为意外事件做出预先安排,否则难免要遭遇挫折。未雨绸缪是我们必须学会的一种方法，我们可以制定一个"预见性行动计划"，把学习和生活中可能出现的突发事件一一列举出来，明确一旦发生这些事件后应该采取的补救措施，并保证能及时执行。如果能够建立这样一个预防系统，我们做起事来就会井井有条，从而避免很多烦恼。

给无法完全掌控的事一些"预留时间"

火车、飞机、公共汽车、轮船等依时刻表运行，但依然会有意外事件发生。同样的情形也可能发生在你身上，所以为意外事件留时间很明智。某百货公司的经理，提前计划在下个星期一举行大减价活动，不幸运的是，星期日恰好是该公司一年一度的员工野餐活动。当天艳阳高照，是个很难得的好日子，结果星期一早晨，1/4的职员因阳光炙伤而请假，筹备已久的大减价活动就此流产。这就是未预留处理意外事件的时间的一个例子。

即使是很有经验的人，如果不给无法完全掌控的事一些预留时间，也难免陷入忙乱：

布朗老师拥有着11年工作经验，在同事眼中一直是工作相对轻松的人，因为每天他都把要做的工作罗列下来，并根据轻重缓急作出处理。

但有一次，周五要开家长会，因为家里的一些事情，一直到星期四晚上布朗老师都没有准备好发言稿。当时他并没有着急，因为周五上午他没有课，他想可以那时去完成。可是让人意外的是，周五第一节课后两个同学玩耍时，一个学生不慎摔掉半颗门牙，那可是个大事情！他一边给双方的家长打电话，一边赶紧带学生去医院。冲水，洗牙，治疗……

他在旁边抓着孩子的手，告诉他别担心，别害怕；快结束时，双方家长相继到来，又得跟他们一一交谈，帮助协商处理事宜，安抚受伤方家长，在另一方家长面前极力强调互相理解，这样处理结果才让双方都满意。可等这一切都忙完后时间已经是中午一点半。准备发言稿只有1个多小时了。他很着急，又不能休息，幸亏之前他把需要讲的事情罗列在那，只是没有详细的准备。由于开家长会的经验还算丰富，把安全问题详细陈述后，会议还算成功。

如果布朗老师能在周五之前把稿子准备好，为突发事情的处理预留好时间，那天他也不会那么忙乱！

一般来讲，一个填得满满当当的计划表是没有"防震"性能的，稍有意外，整个计划都会"破碎"而无法执行。所以在制订计划时，必须给无法掌控的事情预留一些时间，做到充分部署，才能应付自如。

聪明人有三个预防此类事件发生的方法：第一，每件计划都留有多余的预备时间；第二，努力使自己在不留余地又饱受干扰的情况下，完成预计的工作。这并非不可能，事实上，工作快的人通常比慢吞吞的人做事精确些；第三，另准备一套应变计划。

惠普公司的前任总裁格拉特把自己的时间划分得清清楚楚：他花20%的时间和顾客沟通，35%的时间用在会议上，10%的时间在电话上，5%的时间看公司的文件，15%时间用在与公司没有直接或间接关系但却有利于公司的活动上，例如预备业界共同开发的技术专案，或者总统召集他们参加有关贸易协商的咨询委员会。而重要的是，他每天都要留下一些空当的时间来处理那些突发事件，例如接受新闻界的采访。

只要是成功人士，在谈及时间管理时都会强调应对突发事件的重要性，其中重要的就是之前我们就得预留时间来应对我们意料之外的事情，每天的计划都应该有一定的预留时间来处理变化或危机、偶然事件等。给无法完全掌控的事件预留时间不仅不会浪费时间，反而会节省时间、提高效率。现实中许多人的日程安排得满满的，但是一天下来总是疲于应付诸多的事件，回头一看所谓的计划再满也都没有实际执行。

所以，不管做什么事情我们都要清楚，实际可能会比预期花更多时间。这就要求我们安排每项任务的时候都预留出一定的时间，从而能够如期，至少是不会太晚完成任务。如果我们幸运地没有被打扰，顺利完成了计划，那我们就可以把剩余时间用来安排下一个任务。

制订计划不要太满，要留出机动时间，使计划有一定的机动性。毕竟现实不会完美地和计划完全一致，给计划留有一定的余地，这样完成计划的可能性就会增加。

给无法完全掌控的事一些"预留时间"，是时间管理中的一门艺术，掌握了这门艺术，我们做起事情来才会更顺利、更成功。

理解和运用 60/40 法则

在这个崇尚个性化的社会中,恐怕很难找到一个词可以完全概括大多数人的生活状态,但"忙"应该算是一个。无论是在职场打拼还是在维护家庭生活上,似乎每个人都在抱怨着自己的"忙"——甚至连休闲,也是匆忙地从一个地方赶到另一个地方。

我们有时会简单地认为忙碌与成功相关,于是习惯了从忙碌中寻找安全感。但当被问到在忙什么时,许多人却发现自己忙的事似乎与想要的生活并无必然联系。于是忙碌成了逃避的借口,让人无法停下来去思索生命中最重要的究竟是什么。

身体的忙碌,有时也意味着心灵的迷茫和行动的盲目。我们常常能发现一些没有目标或目标不够清晰的人,整天忙忙碌碌,却因为做了大量无意义的事情而使得忙碌失去了价值。

摆脱这种局面,首先要知道什么事对自己来说是重要的。重要的事通常是指那些真正有助于达成人生目标,让生命丰富且更有意义的事——但这些事多半都不是那么迫不及待,比如发展人际关系,改善家庭关系,寻求新的机会,自我成长与发展等。这些需求都非常重要,任何一项无法满足便会降低生活品质。但事实上,这些事才是必须主动去做的。

年轻的白领琼斯的小事业正处于起步阶段,但兴趣广泛的她又热心于公益事业和娱乐休闲活动,她有很多目标,每个都想尝试。但一个人的精力、时间是有限的,到最后,每一个都不能让她自己满意。其实,支持我们达成目标的是接近目标时的成就感,当目标分散时，每个目标都进展甚微，此时人很难有强烈的动力。

日常生活和工作中，当面临选择时，我们还经常陷于两难境地：自己和他人，现在和未来，已拥有的和将会有的……我们不停地在这些定义中来回穿梭，但却总是犹豫不决，让自己苦恼不已。我们的许多时间就是在这种"左右为难"的尴尬境地中被浪费的。

以前听过一个"两难选择"的问题，说是一个人的母亲与妻子都被卷入洪水之中，问这个人先救谁，前提是由于各种因素的限制，只允许在母亲与妻子之间选择一个人，而另一个人只能被洪水卷走。在这样的情况下，犹豫不决只能眼睁睁地看着两个亲人都被洪水卷走，所以必须当机立断，选择其一，而后争取时间再去寻找机会弥补事情的另一方面。关键是我们如何迅速做出抉择呢？

有个方法叫作60/40法则，有人称之为"人生难题解决方案"，运用该方法很多人生难题都可以完美解决。60/40法则和黄金分割有密切的关系。黄金分割率是0.618，60/40法则可以说是黄金分割率的简化版。60/40法则到底是什么呢？简单地说，就是把事情分成两部分，把60%放在重要的部分，剩下的40%放在另外的部分。

在时间管理的时候，许多情况下我们必须面临两难选择，此时60/40法则可以帮我们迅速地做出判断，使我们走在他人之前。在这种情况下，不选择是不可能的，而一味的犹豫只能浪费时间、错失机会，60/40法则可以让我们把握住重要的方面，而又不忽略可能重要的内容。这一法则在现实生活中经常会给人意想不到的收获，了解它，运用它，会给我们带来意外的惊喜。

Chapter Three

第三章

做好分配——
事务再多
也不会抓狂

在这个快节奏的现代都市里，每个人都有很多事情要处理。有的人工作、休闲样样兼顾，过得轻松而快乐；有的人则整天不得空闲，忙得好像时间是永远都不够用的。但对后者来说，时间真的是不够用吗？

其实上帝是很公平的，分配给我们每个人的时间不多不少，每天 24 个小时。那些终日陷于忙乱的人，主要是他们不懂得按照优先次序对各项任务进行时间预算或分配。因此，做好时间在事务间的优先分配，才能顺畅自如。

避免对所有事情"同等对待"

伯利恒钢铁公司总裁苏瓦普请效率专家进行企业诊断，苏瓦普介绍说：我们知道自己的目标，但不知道怎样更好地执行计划。

专家回答说可以在10分钟内给他一样东西，这东西能帮助公司的业绩提高至少50%。说完给了总裁一张空白纸条，让总裁在纸上写下第二天要做的6件最重要的工作。

总裁写完内容后，专家让他用数字标明每件事对公司重要性的先后次序。总裁标明之后，专家对总裁说："现在把这张纸条放进口袋，明天早晨第一件事就是把纸条拿出来，最先看第一项，着手做第一件事情，只到做完为止。不去管其他的，只做第一项。然后，用同样的方法做第二项、第三项……直到你下班为止。如果你只做完了5件事情，那也不要紧，因为你一直在做的都是最重要的事情。"

整个会谈不到半个小时，几个星期后，效率专家收到了一张2.5万美元的支票和一封信。从酬金和付出时间的角度看，这是专家一生中最有价值的一课。现代社会对一个人的时间和资源提出了苛刻的要求，因为时间有限，我们可能过度使用了自己的时间，而只留出一小部分时间来做最重要的事。每件花费时间的行为的价值都必须按照优先原则进行评估。为实现我们的目标，我们必须养成"要事第一"的习惯。

如果和大多数人一样，我们将精力分散在多个方向，只剩下少数精力、时间或动力去追求自己认为最重要的事，那么从现在起我们必须考虑：如何使自己做到事半功倍？怎样才能首先去追求自己认为最重要的事？怎样避免从最重要的事上分心转而去干其他次要的事？

首先，我们要认识清楚：事情与事情不同，它们既有不同的重要性，也有不同的时效性。对待事情要按照它的重要性和时效性区别对待，而不能同等对待。同等对待所有的事情，就是对事件不加区分，随机地或者按照时间顺序任意地加以处理。这样有可能只是做了些琐碎小事，而真正重要的事情没有做；也有可能错过了解决问题的最佳时间。时间管理要求我们要避免这两种情况，根据重要性和时效性来区别对待事件，首先应该保证重要的事情能够及时完成，其次要满足多数原则。

例如今天我们手头上有许多事情要做，其中事情A是最重要的，完成事情A最多花费1个小时，现在是上午9点，要求在中午12点之前完成。我们可以这样对时间进行规划：首先必须明确的是，事情A是最重要的必须完成，而且事情A最晚要在11点开始做。如果现在没有对时间要求较高的事情，那么9点就可以做事情A了；如果还有一些紧急的事情需要处理，那么在11点之前应该尽量完成那些事情，并且在11点时立即放下手中正在做的事情转而来处理事情A。

如果有两件很重要的事情，比如还有一件重要的事情B，也需要1个小时来完成，这样我们就需要提前到10点来处理事情A和B，10点一到无论如何都要放下手头的工作去做更重要的事情A和B。当然如果事情A和B有主次关系，应该先做最重要的。

如果有3件重要的事情，依据上面类推。

我们的日程表上的所有事项并不是同等重要，不应该对它们同等对待。如果处理事情的时候不遵照轻重缓急的原则，必将导致不好的结果。

作为一名职业经理人，他的工作时间大部分是用在规划、组织、用人、指导、控制上。作为一名销售经理，他的工作就是把产品知识传授给属下、统计整个团队的业绩、走访一些重要的顾客、把下级的意见反映给上级等。作为一名销售人员，他工作的优先顺序是：打电话约见客户、准备销售工具及材料、与客户见面并向客户介绍产品、最后签订订单。虽然他们每个人的角色不同，所处理的事情不同，但道理是一样的：不要对所有的事情同等看待，只有分清全部事情的优先次序，才能让你从忙乱中解脱出来。

分清轻重缓急，不为小事转移目标

18世纪末，澳大利亚这块"新大陆"被探险家发现，消息很快传到了欧洲。1802年，英国和法国各派出一支船队驶向"新大陆"，都想占领这块宝地。英国方面由弗林斯达船长带队，法国方面则由阿梅兰船长领军，两位船长都是长期叱咤海上、经验异常丰富的航海家。双方都知道对方也派出了占领船队，因此都不愿输给对方，拼抢非常激烈。

当时法国的船舶技术较为先进。阿梅兰船长率领的三桅快船率先抵岸，第一个到达了今天的维多利亚港，并将它命名为"拿破仑领地"。正当他们准备插旗扎寨时，突然发现了当地特有的一种珍奇蝴蝶，于是兴高采烈的法国人全体出动，一起去抓这只蝴蝶。

就在法国人深入大陆腹地猛追蝴蝶的同时，英国人也来到了这里。当法国船队映入他们的眼帘时，英国船员们都以为法国人已经占领了此地区，心情无比沮丧。弗林斯达船长命令部属登岸，准备有风度地向法国人祝贺。谁知他们上岸后，既看不到法国人的踪影，也看不到任何占领标志。于是，英国人立即行动起来，把大英帝国的各种标识插满了所能占据的地盘。

当法国人带着漂亮的蝴蝶标本回来时，却吃惊地发现他们的"拿破仑领地"已经不属于自己了，英国人正威武严肃地以胜利者的姿态向他们表明维多利亚港的领地归属。

为一只蝴蝶失去了一个大陆。澳大利亚就这样在一天之内完成了由法属殖民地向英联邦体系的转变。留给浪漫的法国人的，只能是一些可怜的蝴蝶标本和无尽的沮丧。

做什么事都要明确目标，从大局出发，绝不能为了眼前一些微不足道的事情而放弃或转移目标。否则，到最后得到的只能是沮丧和懊悔。

朱莉在床上翻了个身，想避开从窗户透进来的阳光。她看了看时钟：8点10分。糟糕，8点半有一节化学课。她赶紧胡乱地穿上衣服。朱莉上化学课是为了能够申请兽医学校。她喜欢动物，一心想当兽医。今天，她的运气不错，只迟到了5分钟。不过，当戴维斯先生要她回答问题的时候，她没有回答上来，因为她根本没有时间完成作业。

"听着！"戴维斯先生严厉地说，"我希望你们为这门课好好准备，这是你们的首要任务。"那天下午，朱莉去当地兽医院做助手。有3只宠物手术后该出院了，她开始为宠物的主人准备账单。这时，院长维基·辛格勒医生打断了她的工作，问她新订购的跳蚤和扁虱药为什么还没到。朱莉回答说："我一直都很忙，不过今天只要'病人'一被接走，我马上就打电话下那个订单。""你还没有下订单？"辛格勒医生问，"朱莉，我要求你上个星期做这件事，因为这是最先要完成的工作。"

朱莉很奇怪，身边的人为什么都突然对"轻重缓急"如此看重。

当然要看重了，如果分不清轻重缓急，就会被次要的杂事缠身，妨碍你完成更为重要的事情。设定优先顺序，才能不被杂事干扰，这样才会集中注意力，更快地向着目标前进。

把所有活动分为三个等级

优先顺序就是确定哪件事情必须最先做，哪件事情只能摆在第二位，哪些事情可以延缓来处理。有意识地设定明确的优先顺序，以便执著、系统地依照这个顺序处理计划里的任务。事件的优先顺序取决于其重要和必要程度。时间管理的原则是先做重要且必要的事情。所以我们必须学会对事件进行分类，养成对事件进行分类的习惯。

ABC时间管理法，就是以事项的重要程度为依据，将待办的事项按照从重要到轻的顺序划分为A、B、C三个等级，然后按照事项的重要等级依次完成任务的做事方法。

ABC时间管理法可谓事务优先顺序法的"鼻祖"，它不但屡屡为时间管理专家们所称道，还被热衷于规划生活的人们所采用。这种方法可以有效解决因日常事务异常繁多而陷入混乱状况的问题，使我们的工作、生活、学习等活动井然有序地进行。

在所有任务的集合中，不同任务所占的百分比通常是固定的。字母A、B、C将不同的任务，依照它们对达成职业与个人目标的重要性分成三个等级：

任务等级ABC

* 特别重要的称为 A

* 比较重要的为 B

* 不重要的为 C

一天里最重要的任务只是少数，称为A级任务；次等重要的B级任务，不多；其他都是不重要的，是C级任务。从收益看，C级任务的成果比较低，B级任务成果一般，而A级任务的成果比较大，这就是ABC法则。

A级任务占工作总量的15%，它是我们必须集中精力去完成的，对于我们的最终目标而言，其价值可以达到65%；B级任务占工作总量的20%，完成这级任务给我们带来的价值是20%；C级任务占工作总量的65%，但这些任务的价值仅为15%。

明确事务级别和其价值后，首先要全力投入A级事务，直到完成获取预期效果后，再转入B级事务。如果不能完成B级事务可以考虑交给第三方来做。尽量少花费时间在C级事务上。但应该注意的是，C级事务并不是可做可不做的。除了A、B级事务外，工作中还有一些不太重要但必须去做的事情，比如准备工作、善后工作等。还有一点应该注意的是，A级事务虽然很重要，但并非要在第一时间去做的，应该综合考虑时间效益问题。

ABC管理法，还可以从以下角度去理解：

首先，将头脑里考虑到的工作分成A、B、C三类，其中，A类是必须由自己亲自处理的工作，B类是可交给别人去做的工作，C类是与自己根本无关的工作。

其次，将C类工作放到一边不予考虑，将B类工作尽快交给别人处理。

再次，集中主要精力处理A类工作。将A类工作中的各类事项进一步分成a、b、c三类，其中a类——重要而且必须紧急办理的事；b类——重要但并不要求紧急办理的事，或者不很重要但要求立即办理的事；c类——不太重要，暂缓办理也无妨的事。在安排工作日程时，应尽量先把a类事情处理完，再处理b类事情，最后再处理c类事情。

最后，在处理A类工作过程中，可利用零星时间了解B类工作的完成情况，遇到问题时可帮助处理。

ABC分析法之所以重要还在于，它在事件分类的基础上，使人能够集中精力做重要和紧要的事情。

ABC 时间管理法如何应用

要想学会使用ABC时间管理法，可以按照以下步骤和原则进行：

1. 划分事务级别

根据事务的重要性来规定优先顺序，对每一项工作做重要性分析：这件事是不是有助于达到我的长期目标或短期目标？做出判断之后，再根据判断确定事务的级别。

A级事务

非常有助于达到目标的，即为最重要的事务，将其标注为A——必须做的事，是指与实现自己的目标相关的关键事务，比如管理性指导、重要的客户约见、重要的期限临近、能带来领先优势或成功的机会。

A级事务都是必须在短期内完成的任务。一旦完成，A级事务就会产生显著的效果。而如果没完成，那么严重的、令人沮丧的甚至是灾难性的后果就有可能发生。A级事务的关键是立刻行动起来去实施。

B级事务

如果对于达到目标具有一般的意义，即为次重要的事务，将其标注为B——应该做的事，是指具有中等价值的事务，这类事务有助于提高个人或组织的业绩，但不是关键性的。

B级事务应该在短期内完成。虽说不如A级事务那样紧迫，但它仍然很重要。这些工作可以在一定期限内相应地推迟。若规定的完成期限较短，就应该将它们很快提升为A级。

C级事务

如果对达到目标起的作用不大，即为不重要的事务，将其标注为C——可以做的事，是指价值较低的一类事务，无论这些事务多么有趣和紧急，都应该拖后处理。

C级事务是可以推迟，但不会造成严重后果的工作。该事务中的有些工作甚至可以无限期的推迟。但其他一些事务，尤其是那些有较长时间限制的事务，也会随着完成期限的临近最终转变为A级别或B级别。

2. 看各级事务所占的比例及价值，而不是看其在整体中所占的百分比

总体来说，ABC三级事务在事务总量中所占的比例及价值是这样的：

A级事务约占任务和工作总量的15%，这是你必须集中精力完成的事务。对所达到的目标而言，它真正的价值高达65%。

B级事务约占事务与工作总量的20%，你完成事务的价值也是20%。

C级事务占事务总量的65%，你完成这级事务的价值仅为15%。

3. 灵活运用ABC时间管理法

（1）增加级别

如果你认为以上3个级别不足以涵盖你的具体情况，你还可以再加一个级别，即D级事务。

D级事务是指那些理论上甚至不需要完成的工作。它们没有最后期限，完成这些事固然很好，但不完成也没关系。因为你可以完全无视这些事的存在，它们不会给你带来任何不利的影响。

不过，进行D级事务也有一定的好处，它们往往会让你有意外的收获。比如，阅读一本旧杂志时恰巧有一篇很有意义的文章；购买一盏台灯完全改善了你的工作环境；在文具店闲逛时发现一种简化文件归档的工具；重新阅读手机使用说明时找到一些新功能等。

（2）细分级别

对于一些人来说，把任务只分成A、B、C三级是远远不够的，且这样划分会有太多的A级或C级任务。为了解决这个问题，你可以将各个级别进一步划分，比如A分为A_1、A_2、A_3；B分为B_1、B_2、

B_3……当然，A_1要比A_2更重要一些，A_2也比A_3更重要一些；B级事务也是如此。

举个例子，你明天B想完成6项事务，其中有两项A级事务，这两项中有一项是最重要的，那么就把它分为A_1，另一项则分为A_2；如果B级中也有几项事务，也按照这种方法划分。

我们在工作或从事其他活动时，难免有不按重要顺序办事的倾向，习惯总使人优先做令人愉快或者方便的事，而往后推延不感兴趣的或者较为复杂的事。学习了ABC时间管理法后，请你立即动手在便条或日记本里写下这样一段话："我明天必须做的事情是①②③④⑤……"按重要和紧急程度给它们细分级别，你会发现自己将变得精力充沛起来。其实用这种方法管理你的时间，你的时间和精力并没有因此而增加，只是把有限的精力和时间用在最需要的地方而已。这样坚持下去，你的学习效率不提高就不正常了。

不要让"急事"扑上来攫住我们

在时间管理中，突发事件的出现总是让管理者感到棘手，为什么会出现如此多的A类突发事件？到底是哪个环节的工作没有做好呢？

管理专家通过研究发现，A类突发事件一般都是由B类事件的处理存在问题而导致的，也就是说，当对重要但不紧急的事件未做妥善处理时，这些事件会随着时间的推移不断增加紧急成分，最终，重要但不紧急的B类事件都会转换为重要且紧急的A类突发事件。

而影响B类事件完成的原因则是由于C类事件遮住了管理者的眼睛，使得管理者忽略了B类事件，却花了很多精力去处理C类事件，结果B类事件会慢慢变成A类事件。

在经理人的日常活动中，B类事件转化为A类事件的情况经常发生，当这类转变发生后，经理人只能马上停下手边工作，全力以赴地处理这些A类突发事件，A类事件处理完后，经理人才能回到原来的工作上。

经理人会花50%左右的时间处理琐碎的杂事，也就是C类紧急但不重要的事情；又会花50%左右的时间处理A类紧急的突发事件。于是，经理人在C类事件和A类事件之间来回奔波，成了时间管理的救火队员，而B类事件则被遗忘或忽视，虽然B类事件非常重要、很有价值。

传统的时间管理法的核心是以"急"为重。低效的管理者大都陷入了这种管理观念的圈套，成天忙于处理"急事"。在十分忙碌的同时，他们内心深处还会升腾起一股"忙"的"成就感"！他们从而也就深陷其中而不能自拔，把本来可以不"急"的事情也逐步转变为"急"事，加上"成就感"作怪，让他们更加深信这种观念的正确性。我们可以仔细想想，这种成天救火般的处理急事的忙其实是瞎忙。

在时间管理上，大多数人都存在这样的误区：安排事件先后的时候片面地关注了事件的紧急程度。大多数的管理者在编排行事的优先次序时，优先考虑的是事情的"缓急"，而非事情的"轻重",他们经常把每日待办的事区分为三个层次处理。

* 今天"必须"做的事(即最为紧迫的事)
* 今天"应该"做的事(即较不紧迫的事)
* 今天"可以"做的事(即不紧迫的事)

一般来说,越是紧迫的事,其重要性愈高;越不紧迫的事,其重要性愈低。因此,依循以上的优先次序办事并无不妥。可是在多数情况下,越是重要的事反而越不紧迫。假如你是一位经理人,对你来说,参加管理技能训练、向上级提出改进营运方式的建议,培养接班人、甚至管理者个人的减肥、戒烟、身体检查、补牙、立遗嘱等计划都是重要的,但却不是紧迫的事。它们往往因不具紧迫性而被延迟办理。至于许多紧迫的事,则往往不具重要性,例如不速之客的拜访、外来的电话等。

按事情的缓急程度办事的管理者不但使重要事情的履行遥遥无期,而且使自己经常处于紧急甚至危机状态。以紧急程度为标准来安排事情,使我们似乎总是处在"急事"的包围之中,这让我们总是痛苦不堪。

比如业务报告的编制。任何一个高层领导都不得不承认,业务报告的编制是非常紧要的一件事情。但是如果今天距离递交业务报告的日期还有两个月的时间,一般管理者不会把它看成是今天"应该"去做的事情,更不会把它当作是今天"必须"完成的任务,最大的可能也只是把它确定为今天"可以"做的事情。

只是"可以做的事情"也就意味着它可以成为"可以不做的事情",就这样,业务报告的编制被一天又一天地拖延下去,直到距离最后期限还有几天。这时，管理者才会突然意识到业务报告的紧要性而将其定为"紧急事件"，而此时的"紧急"已经太晚了。最终在迟迟交不了业务报告的情况下，只能勉强应付一下。接受教训之后，管理者可能会下定决心下一年度一定要提前准备业务报告，结果到了下一年度，业务报告的编制依旧还是被推迟，直到再次被当作"紧急事件"来处理。

总之，处理事情要遵循"先重后轻、先急后缓"和"重要性和紧迫性同时考虑"的原则，注意优先做重要的事情，不要让"急事"扑上来攫住我们。

80/20 法则：把精力花在回报最高的事上

19世纪，意大利经济学家帕雷托发现：80%的财富掌握在20%的人手中。从此，这种80/20规则在许多情况下得到广泛应用。一般表述为：在一个特定的组织或团体内，较小的部分比相对较大的部分拥有更多的价值。

在时间管理体系中，在优先顺序上也有一个帕雷托时间原则，也称80/20法则：假定工作项目是以某价值序列排定的，那么80%的价值来自于20%的项目，而20%的价值则来自于80%的项目。

时间管理的重要意义在于能经常以20%的付出取得80%的成果。因此，在工作或生活中，我们应该把十分重要的项目挑选出来，专注而细致地去完成它，即把时间用在更有意义的事情上。

如果我们使用或准备的时间占80%，即次要的多数问题占80%，取得的成果只占所有成果的20%；而使用或投入的时间占20%，即重要的少数问题，取得的成果却占80%。例如：作为销售人员推销时，我们打50个电话，可能只有10个顾客给我们相约见面，就是说我们花了80%的时间在约见客户，但是只有20%的客户跟我们见面。作为一个职业经理，可能我们花了两个小时的时间做准备，但是会议进行了可能不到30分钟，也就是说用80%的时间做准备，造成的结果是20%，但是这20%的准备造成了80%的结果。

在成果产出的过程中，使用时间的前20%（投入）造就了80%的成果（产出）；相对地，使用其余80%的时间，只有20%的效果。

80/20规则告诉我们，在进行时间管理时，要把最重要的事情放在最有效率的时段来做。美国企业家威廉·穆尔在格利登公司做销售员时，第一个月仅挣了160美元。通过分析销售记录，他发现80%的收益只来自20%的客户，但他却在所有的客户身上花费了同样的时间。在他的要求下，他名下36个最不活跃的客户被重新分配给了其他销售员，而他则把精力集中到最重要的客户身上。后来，他一个月就赚到了1000美元。穆尔对这一原则的坚持促使他成为凯利·摩尔油漆公司的主席。

一个人优秀与否往往取决于他是否能够高效地工作。我们应该掌握80/20法则，把精力花在回报最高的事情上，千万不要浪费时间在一些无聊的事情上。

有句谚语说：忙碌的人总是能抽出时间。而与之相反的说法则是：懒汉总说自己没空。80/20法则还能指导我们怎样挤出时间。

80/20法则告诉我们。在我们的生活中，大多数有意义、有价值的事情往往会发生在一小部分时间里。如何最合理地使用这20%的时间，使它的效用最大化，就成了我们时间管理的核心。同样，我们还可以合理而适当改动80%与20%的关系，由此时间就会像海绵里的水，随着比例的变动而不断被挤出来。

当然，仅仅分析一天的时间是不够的。我们还可以总结一周、一个月或某一段时间里对我们最有效用的时段。就像前文所述，重要的不是80/20这个百分比，而在于我们应该抓好对我们最有利的时间，比如干扰因素最少的时间或是工作状态最佳的时间。我相信，只要我们努力发现并紧紧抓住带给我们最大效益的20%的时间，我们就一定能完成一个愉快而成功的工作过程。

时间不会不够用。事实上，时间多得是，我们只运用了我们20%的时间，对于聪明人来说，通常他们多利用的一点点时间造就了巨大的成绩。依80/20法则的看法，如果我们在重要的20%的活动上多付出一倍时间，便能做到一星期只需要工作两天，收获却可比现在多60%以上。这无疑是对于时间管理的一场革命。

象限管理法：紧急的事未必重要，重要的事未必紧急

高效时间管理法的核心：先轻重，后缓急。在考虑行事的先后顺序时，应先考虑事情的"轻重"，再考虑事情的"缓急"，也就

是我们通常采用的"第二象限组织法"。用时间管理的方法来探讨"急事"与"要事"的关系时，请看四象限图：

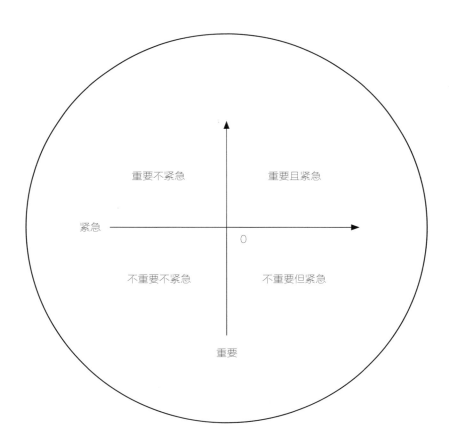

1. 第一象限是重要又急迫的事

例如，应付难缠的客户、准时完成工作、住院开刀等。

这是考验我们经验、判断力的时刻，也是可以用心耕耘的园地。如果荒废了，我们很可能变成废物。但我们也不能忘记，很多重要的事都是因为一拖再拖或事前准备不足，而变成了十分紧迫的事情。

其本质是缺乏有效的工作计划导致本处于"重要但不紧急"第二象限的事情转变过来的，这也是传统思维状态下的管理者的状况，就是"忙"。

2. 第二象限是重要但不紧急的事

这种情形的案例主要是与生活品质有关，包括长期的规划、问题的发现与预防、参加培训、向上级提出处理问题的建议等事项。

荒废这个领域将使第一象限日益扩大，使我们陷入更大的压力，在危机中疲于应付。反之，多投入一些时间在这个领域将有助于提高实践能力，缩小第一象限的范围。事先做好规划、准备与预防措施，很多"急"事将不会产生。这个领域的事情不会对我们造成催促力量，所以必须主动去做，这是发挥个人领导力的领域。

这更是传统低效管理者与高效卓越管理者的重要区别标志，建议管理者要把80%的精力投入到该象限的工作，以使第一象限的"急"事无限变少，不再瞎"忙"。

3. 第三象限是紧急但不重要的事

电话、会议、突来访客都属于这一类。

这一类表面看似属于第一象限，因为迫切的呼声会让我们产生"这件事很重要"的错觉——实际上就算重要也是对别人而言而不是我们自身。我们花很多时间在这里徘徊，自以为是在第一象限，其实不过是在满足别人的期望与标准。

4. 第四象限属于不紧急也不重要的事

这样的例子有阅读令人上瘾的无聊小说、看肥皂剧、办公室聊天、上网冲浪等。

这些行为本质上就是浪费生命，所以根本不值得花半点时间在这个象限。但我们往往在一、三象限来回奔走，身心俱疲后不得不到第四象限去疗养一番再出发。这部分倒不见得都是休闲活动，因为真正有创造意义的休闲活动是很有价值的。然而像阅读令人上瘾的无聊小说、观看毫无内容的电视节目、办公室聊天等。这样的休息不但不是为了休整后更好的工作，反而是对身心的毁损。刚开始时也许感觉很有滋味，到后来你就会发现其实是很空虚的。

现在你不妨回顾一下上周的生活与工作，你在哪个象限花的时间最多？请注意，在划分第一象限和第三象限时要特别小心，急迫的事很容易被误认为重要的事。其实二者的区别就在于这件事是否有助于完成某种重要的目标，如果答案是否定的，便应归入第三象限。

朋友，认真领会时间管理的四象限工作法吧！它会让你的工作变得高效，工作不再是负担。成就高效的卓越管理者就在于实践时间管理的四象限工作法。

在实际工作中,所有的工作既有紧急程度的不同,也有重要程度的不同,根据这两个维度,我们可以把工作和生活中的事情归类到这四个象限中。

四个象限的划分不是文字游戏,不同象限的事具有不同的特性:

第一象限:重要且紧迫的事往往是突发的危机事件而且关系全局;

第二象限:重要但不紧迫的事往往是能决定组织或个人成败的核心事件;

第三象限:不紧迫也不重要的事往往是些琐碎的小事、外来干扰事件;

第四象限:紧迫但不重要的事往往是时间性强的外来事件。

偏重第一象限事务的人是"救火队长"式的高压人。由于方法不当,他们缺乏规划和计划,抓不住工作重点,不善于科学授权,因而在工作中漏洞百出,整天陷入看似既紧急又重要的事务之中。这些人压力巨大,常超负荷运转,但工作成效有时却十分低下,即使取得了一些工作业绩,也是用自己的精神压力、身体健康或家庭幸福换来的。

偏重第三、四象限的人往往是一个失败者或者平庸之辈。他们急于求成,缺少基本的自制能力,对生活和工作极度不负责任,喜欢随大流。虽然这种人整天忙忙碌碌却没有什么作为,将自己禁锢在日常的琐事上,没有长远的目标。

而想要成功的人最需要做的是第二象限的事情。第二象限的工作虽然都很重要,但是往往不是很紧急,可它们却是影响我们成功的关键因素，我们经常会忽略它们或者不断推迟它们。第二象限的事情有很多，比如孝敬父母、强身健体、制订计划、关心朋友、休闲娱乐等。

一周时间运筹法

时间管理是从计划开始的，好的时间运筹方法，需要对过去的工作和生活进行科学合理的记录，发现时间浪费的原因所在，然后找到改进的措施，修正原有的时间管理方案，并严格按照这种安排执行。每个星期都应计划好下一步该做的所有事情，投入较多的时间思考，让自己这周要做的事情简单化、清楚化。

制定周计划表时，可以先填入所有正在进行中的活动安排，例如工作时间、社交时间、休闲活动时间和家庭事务时间。这是微观的处理方式，所以要写得详细些。

在实行时，要根据实际情况，修改预定的周计划表并加入细节。

不妨借助一周时间运筹法进行更直观的时间管理。

在使用一周时间运筹法时，以星期时间为横坐标，标记星期一到星期日，以小时为纵坐标，标记早晨、上午、中午、下午、晚上以及备注和总结，然后在接下来的一周里认真记录，并对每天的时间利用进行总结，当一周的记录结束后，再进行周总结。如表所示：

一周时间运筹法

时间	星期一	星期二	星期三	星期四	星期五	星期六	星期日
早晨							
上午							
中午							
下午							
晚上							
备注							
总结							

在进行总结、评估你的时间分配时,要确保自己按优排列:

* 是不是好好利用时间来达到最佳的效果?
* 是不是在指定的时间内完成了该做的事情?
* 指出有哪些地方可以做更妥善的安排?

周计划和周检讨是最有效、最重要的时间管理手段。例如麦肯锡通过对全球经理人计划实现的有效性调查后发现,大部分企业都在做月计划,而月计划定下来后,他们在第一周、第二周、第三周和第四周里对工作计划实施的有效性是有差异的,第一周的实施有效性为70%~80%,第二周的实施有效性为60%~70%,第三周的实施有效性为50%~60%,第四周的实施有效性只有40%~50%,居然是逐周下降的!

个人月计划的实施有效性的统计结果也基本与此相似,在月末实施有效性会仅为50%左右，因为计划不如变化快，在一个月之前所料想的情形在月底可能发生了很多的变化。如果对这些变化每天都进行追踪，会发现每天的计划实施有效性都在减弱，情况变动的频繁程度导致我们常常只见到眼前的具体工作，而忘记了整体的方向和目标，很难做到协调和平衡。所以周计划和周检讨非常重要，可以帮助我们修正和完善计划。

很多美国人都注重月计划的管理报表，但对周计划和周检讨的管理报表，他们就不那么重视了，尤其随着时间的推移，最后的数据几乎都是假的，这就导致了一个新的困惑——我们到底要不要用报表？报表出现形式主义的趋势是不好的，因此报表要越少越好，越精越好，表格的设计要简明，抓住关键的数据就可以。

问问自己这件事真的有必要去做吗？

管理大师彼得·德鲁克关于时间管理的论述和方法，值得我们借鉴：

他建议在进行时间管理的时候，首先要记录下自己的工作时间安排，然后问自己一个问题：记录上的哪些活动可以由别人代劳而又不影响效果？

就以最普遍的饭局为例，经过检查我们就会发现，大约有三分之一的正式宴会是不需要我们亲自参加的，因为这些主办方只是希望客人名单上有公司的名字。管理者如果把那些别人可以做的事情交付出去，自己就可以把精力投入到其他该用的地方去，这样便可以在很大程度上提高自己的工作效率。

接下来，问自己另一个问题：我经常做哪些会浪费别人的时间却不会产生什么作用的事情？

如果我们敢于问这样的问题，并且不怕听到答案，我们就具备了成功管理者的素质。

很多没必要的事情是浪费我们时间的主要原因。如果我们将一天的时间记录下来，就会惊讶地发现，很多时间都被一些没必要做的事情占用了。对一个渴望成功的人来说，花费时间去做一些没意义的事情，是一种很坏的习惯，具有严重的破坏性，而且会使一个人丧失进取心。想要更快、更好地做事，就必须学会问自己：这件事情真的有必要去做吗？如果没必要就必须果断地拒绝，空出时间去做更有意义的事情。

很多人都会有这样的体会：很多会议并不需要所有人都参加，可是由于种种原因，每次会议都会出现很多与会议主题不相关的人。接到会议通知的人虽然明知这次会议与自己部门的工作毫不相干，根本没必要参加，但是因为顾及颜面，不得不放下手头的重要工作去参加会议。既然参加了会议，为了显示对企业的关心以及自己的不断提高，每个人又不得不发言说几句话，同时顺带汇报一下自己部门的近况，这样小会变成大会，短会变成长会，结果就更浪费了与会的每个人的宝贵时间。

为了改变这种浪费时间的会议陋习，一位经理人在开会前给下属发了如下通知：

我已邀请怀特、琼斯和杰斐逊星期二下午4点前来主楼会议室参加会议，讨论有关今年的销售收入情况。如果有人在这方面有兴趣想参加讨论，欢迎前来参加。不过，不管是否参加会议，会后相关人员都会收到一份详细的会议纪要，介绍会议讨论的结果，同时还会向你们征求对这些结果的意见。

德鲁克的发问法是通过对时间的记录来反思自己的工作安排和工作方式有没有浪费自己或他人的时间，而我们在制订计划或做一件事情前，就要多向自己发问：这件事情有没有必要做？这件事情有没有必要以这么大的规模，用这么多的时间做？问过之后再执行的确能节约时间提高效率，而且不仅对我们自己，还包括别人。

因此，我们在选择时要认真思量，极力摆脱那些没有意义的事。摆脱没有必要的事情，我们就可以卸下很多重担，让自己从繁杂的琐事中跳出来，去从事那些重要而有意义的活动。

设定缓急：对实现目标有助的事优先处理，反之则推后

时间管理的要旨在于要时刻牢记目标，按照事件离目标的亲疏远近来确立处理事件的优先顺序。牢记目标，优先处理关键事件，这个顺序问题并不简单。抓住了重点，等于抓住了主干，使走向目标的路径变得清晰明朗；反之则会使我们找不到方向，最后失去重

心而遭遇失败。

下面这个"冠军与苍蝇"的故事或许能帮助我们更形象地认识这个问题：

1965年9月17日，世界台球冠军赛在美国纽约举行。

路易斯·福克斯的得分一直遥遥领先，只要再得几分便可稳拿冠军了，可就在此时，他发现一只苍蝇落在主球上，他挥手将苍蝇赶走了。可是，当他俯身击球时，那只苍蝇又飞了回来，他起身驱赶苍蝇。但苍蝇好像有意跟他作对。他一回到球台，苍蝇就飞到主球上来，引得周围的观众哈哈大笑。

福克斯的情绪坏到了极点，这导致他失去了理智，当他愤怒地用球杆去击打苍蝇，球杆碰到了主球，他因此失去了一轮机会。这一下福克斯开始慌乱起来并连连失误，对手约翰·迪瑞则越战越勇，最后夺走了冠军头衔。

第二天早上，人们在河里发现了路易斯·福克斯的尸体，他居然跳河自杀了。

要夺取冠军，关键是要专心击球，而打苍蝇这样的小事是与夺冠的目标没有直接联系的，因而完全不应该被纳入到事件安排中来，更不应该把它的优先性置于击球之前，最终，这件小事让自己坏了情绪，乱了分寸而遭遇失败。

那么，日常生活中，我们该如何分清事情的轻重缓急，合理地安排时间呢？我们不妨试着具体操作一下。例如：

某人成天生活繁忙，某天他计划要做的事情有：去银行汇货款、做账、洗车、买礼物、约人吃饭、下午参加职业考试、去保险公司索赔、买鞋子、修手机、看电影、打台球、做SPA、去亲戚家拜访。

请问，如何安排一天的行程才最为恰当合理？

答：

1. 首先将所有事务进行排列归类

①重要并且紧急的：去银行汇货款、下午参加职业考试、修手机、去保险公司索赔

②重要但不紧急的：做账、买礼物、买鞋子

③紧急但不重要的：约人吃饭

④不紧急也不重要的：打台球、做SPA、去亲戚家拜访、洗车、看电影

2. 再根据时间上的安排写在任务本上

①去银行汇货款：9点~9点半（货款不打，对方不发货，所以十分重要）

②修手机：9点半~10点（手机不修理好，无法与人取得联系，十分重要）

③去保险公司索赔：10点~11点

④下午参加职业考试：13点~14点半

⑤做账：14点半~15点（这件事不得不做，优先安排早点做较好）

⑥买礼物和买鞋子：15点~16点半（购物类活动最好归并在同一时间去解决）

⑦洗车：16点半~17点（不重要也不紧急，但是因为时间

正好空，所以就要去办好）

⑧约人吃饭：17点半~18点半（这个时间是和人约好的，必须在这个时间做）

⑨去亲戚家拜访：18点半~19点半

⑩打台球：19点半~20点半

⑪做SPA：20点半~21点半

⑫看电影：21点半~23点

⑬睡觉：Good night 了。

3. 严格按任务表执行

好了，一天的安排就是如此，相信这样安排，他一定会度过有价值的一天。当他把所有的事情全部按计划办好了，一定会很有成就感的。

总之，聪明的时间管理方法要求安排时间时要分清事务的主次，重要的事优先处理，反之则推后。

他明白了，你明白了吗？

把不做也无碍的事统统从清单上划掉

时间是最公平的，它分配给每个人的一天都是24小时。我们既不能提取昨天的时间，也不能预支明天的。所以，我们唯一能做的就是充分利用今天的每分每秒，通过制定合理的计划，在有限的时间里创造尽可能多的价值，而要做到这点就必须把不做也无碍的事情从我们的清单上剔除。

哪些是不做也无碍的事情呢？最典型的就是，一些关系不大的意外之事通常会干扰我们的正常工作。这是时间管理理论中的一段重要论述：阻碍工作完成的最大原因就是意料之外的干扰。事情永远不像我们预期那样，意外的干扰永远会发生，但重点是你如何做出回应。而且，有些意外事件其实是可以预先避免的。

说起自己的办公经历，安娜小姐的感觉是自己经常被一些无关的琐碎小事占据大量的时间。她说："每天进公司的第一件事就是收发电子邮件。原本希望处理完所有邮件后再开始工作，但却不断收到新邮件，最后不知不觉就快要到午餐时间了，但计算机屏幕仍停留在电子邮件信箱的画面。"

管理学专家建议的对策是这样的：如果预先设定每天早上先花1小时处理电子邮件，时间一到，就算有其他新的邮件进来，也必须立即关闭信箱，开始今天的工作，不要被这些不要紧的小事缠绕。

那么，如何发现自己日常生活中不做也无妨的事情呢？这里我们提供一套方法：

如何找出不做也无妨的事情？

* 记录我们的时间

时间对每个人来说都如同匆匆过客。我们必须把时间用到能够为自己或组织带来最大价值的事情上。那么，如何才能判断和检查自己的时间究竟花在了什么地方？记录时间是一个很好的习惯。做法很简单，就是连续三到四个星期记录时间的流向。像记流水账一样记录每天从早上起床到晚上睡觉前，自己在每个时间段做的每件事。如果能随时记录自然比较好，如果做不到的话，就一定要争取在晚上睡觉前把当天的时间流向理顺并记录下来。记录时间这件事一定要自己亲自做才有效果，最好每年能做两次以上。

*分析我们的时间

三四个星期之后，回顾及检查自己的时间记录，对每件事情我们都要问一句：这件事不做有没有什么影响？这件事是不是必须我自己做？此时，我们可能会惊奇地发现——这类事情可能已经花费掉我们不少的时间。

*优化我们的计划

既然发现了这类事件，那还犹豫什么呢？拿起笔把这类事情从我们的日程中剔除出去，或者不做，或者委托别人去做。

这种方法很简单也很有效。它能使我们发现自己在时间管理上的漏洞，帮助我们避免将宝贵的时间花费在不做也无碍的事情上。通过不断地练习与反省，我们就会养成良好的时间管理习惯，这是确保自己工作确有成效的前提和基础。

排除根本不必做的事

很多人忙于一些自认为难以舍弃的事情,例如参加无休止的会议、宴会、演说、论坛等,有时他们也确实不想参加,可是碍于情面又不好推辞。其实,这类事情只要果断地说出一个"不"字就解决了。

不必做的事情要坚决把它排除,没必要为此给自己多添麻烦。

霍华德今年刚刚参加工作,家人朋友都建议他工作要积极主动,所以他看见同事忙碌的时候常常主动帮忙。同事们也不客气,把多余的工作都交给霍华德做。时间长了霍华德越来越困惑——自己的主动工作不但没有得到同事们的认可,反而让大家觉得他是在刻意表现,而且自己的热心居然被同事们认为是理所当然的。如今,霍华德不但自己的工作无法按时完成,其他同事交代的工作也完成不了,导致每天身心疲惫。

管理专家则提出了应对方法:时间不够用,是因为同一时间段里我们想要做的事情太多,但又低估了做这些事情需要花费的时间。把工作行程排得满满的,最后却发现根本做不完。所以,没必要再额外给自己找事情做,只要学会果断地对同事说"不",霍华德很快就可以解脱出来。

有一位在数家商业杂志社任职的总编辑,要求属下把信件都送到他办公室,他亲自拆信、看信,再把信件分成若干堆,决定分给属下哪位编辑处理,接着亲自送到每个编辑桌上。整个过程平均就需要一个小时,于是他每天加班,要不就带着"家庭作业"下班,这样才能把工作完成。

不仅如此，更糟糕的是他属下的编辑不得不等他送信来，使整个编辑部门成天都是"口述作业"。这位总编辑之所以会这样，就是他想知道属下究竟是在做什么事。但终于，他意识到自己只是在虚耗时间。后来，他的编辑开始直接收信，并做成新闻或新动态的摘要呈报给他，事实证明以往他浪费了大半的时间，因为几乎有四分之三的信件是向废纸篓报到的。

根本不必做的事情，如果做了反而会有害无益，所以应该毫不犹豫把它们从日程表里排除掉。

以重要的事为中心

想象这样一个场景：当我们走在马路上的时候，我们看到地上散落着许多钱，有一张100美元的，还有几张20美元和10美元的，以及很多1美元的。当有很多人都和我们一起去捡钱的时候，我们会先捡哪一张？大多数人肯定会选那张100美元的。这就是以重要的事为中心的体现善于抓住关键才会有效率，才会取得成绩。那些没有重点、忙忙碌碌的人，虽然拼命多捡，到最后可能只拿到几张小面额的钱，最多也不过几十元而已。

一个人能不能在事业上取得成功，关键看他能不能把最重要的事处理好，因为最重要的事会从根本上影响人的事业和生活。

布朗先生经过激烈的竞争受聘担任佛罗里达州大学商学院院长。他上任后经充分调研发现，学院当前最迫切需要的是资金。他知道自己募款能力很强，于是明确将募款列为首要任务。

　　这时问题便产生了。以前的院长都是以院内的日常事务为工作重心，而这个新院长却长时间不在学院内办公，因为他正在全国巡回募款，以充实学院的研究经费、奖学金等。但在日常事务方面，他便不如前任院长那么亲历亲为。

　　教授们有事找布朗先生，必须通过他的行政助理，这样让教授们觉得身价低了一截。于是教授们对布朗先生越来越不满，终于派代表去谏言校长，要求布朗院长彻底改变领导方式，或是更换院长。但校长明白新院长的作为，便说："别把事情看得太严重，布朗院长不是有个很不错的行政助理吗？再给他一些时间吧。"没多久，外界的捐款开始源源不断涌进来，教授们这才见识到了布朗院长的远见。

　　后来教授们每次看到布朗院长都会说："院长你去忙吧。你的行政助理胜任工作，我们都信任他。"

　　这个事例给我们带来了一个很大的启示，即人必须透彻明白自己目前最重要的事是什么。如果布朗先生没看清自己最重要的事情是解决资金问题，而只是一心迎合学院内部的人，专心处理学院内部事务，那么他就不可能解决学院的自己难题。布朗先生如果对当前的情势看得不够远，无法制定有远见的目标，最后的结果对他自己、教授们、商学院而言，便不是"最好"的。

　　善于从诸多的小事中抓住大事，从大事中理出最重要的事，是我们每个人的必修课。成功人士的成功之处在于在他们有限的生命里完成了要做的重要事情。时间管理正是要求我们以重要的事情为中心，培养我们抓住重要事情的能力。在某种意义上，人生就是选择对自己最重要的事情，然后去努力完成它，实现它。

下面告诉你如何做出选择。

如何以重要的事情为中心？

*让选择符合我们的价值观

在选择时，我们首先要弄清楚这样一个问题：我们是不是把时间、精力、能量花费在一件我们愿意为它放弃生命的事物上了呢？事实上，我们活着的每天、每分、每秒，都在为了某些事情付出我们的生命。

绝对不要忽视价值观的重要性，也不要忽略了我们的信仰及中心思想。我们的价值观以及信仰正是灵魂的立足点，无论我们所追求的是什么，它们都是引领我们迈向成功者的起点。

*简化我们的选项

卡耐基说："当我演讲的时候，我经常玩一个我称为数学的游戏。玩法是我会在某一个人耳边轻声地告诉他一个数目，然后请他将这个数目小声地传给下一个人，直到整排或全场都传完了，再请最后一个人说出答案。如果是较简单的数字像3或19，那么最后回答的数目，很可能还是正确的。

但是如果我说的是'518486327217.34'那么在经过二三个人的传话之后，这个数目还能正确的可能性就非常低了。"

卡耐基的这个游戏告诉我们：目标远大的人应该简化我们的选择。也就是说，要将我们的最终目标精炼到我们想成为什么样的人、最想做的事情以及最想拥有的事情上，这样我们实现目标的可能性才会增大。

* 找好开端，循序渐进

在向目标逼近的时候，不要问自己"想拥有什么"，而应该问自己"想成为什么"，而"想成为什么"将直接影响我们会拥有什么。想要成为什么样的人就应该努力成为那种人，首先要从我们的生活习惯、做事方式、人际关系以及效仿成功者的精神生活开始改变。通过不断地坚持与努力，我们会发现自己展现出的特质、个性以及思想已经开始与众不同起来。当我们的习惯及思想都达到目标的时候，我们就会以最高的热情，运用智慧和创意尽力去完成那件事。

当我们依照这个程序做了一段时间事情后，我们就会获得可观的成果及回馈。而在无形中我们就已经实现了以重要的事情为中心，最终我们将拥有所有想要的东西，甚至更多。

学会做好"重要但不紧急"的事

按照象限时间管理法，重要但不紧急的事情处于第二象限。

第二象限的事情尽管很重要，但是往往不紧急，可它们却是生命的重大基石，这些事情包括关心家庭、孝顺父母、制订计划、坚持学习、提升能力、锻炼身体等。这些事情是人生中的重要事件，如果我们合理制订计划，按常规流程处理好这类事情，那么我们的人生肯定是成功的。相反，如果这类事件没有完成，那必定造成我们人生的缺陷，如果这类事件被多次延误直至成为重要紧急的事件，我们的生活也会骤然变得紧张和被动。

区分轻重缓急是时间管理最关键的技巧。许多人在处理日常事务时，完全不考虑完成某个任务之后他们会得到什么回报。这些人以为每个任务都是一样的，只要时间被工作填得满满的，他们就会很高兴。他们完全不知道怎样把人生的任务和责任按重要性排队，确定主次。

在确定每一天具体做什么之前，我们要问自己3个问题：

①我需要做什么？——明确哪些非做不可，又必须自己亲自做的事情。

②什么能给我最高回报？人们应该把时间和精力集中在能给自己最高回报的事情上。

③什么能给我们最大的满足感？在能给自己带来最高回报的事情中，优先安排能给自己带来满足感和快乐的事情。把重要事情摆在第一位。

这样做事要求我们具有更多的主动性、积极性和自觉性。从一个人对这种事情处理的好坏，可以看出这个人对事业目标和进程的判断能力。因为在我们的生活中，大多数真正重要的事情在一开始基本都不是紧急的，如建立人际关系、撰写使命宣言、规划长期目标、锻炼身体及预防等。人人都知道这些事很重要，却因并不紧迫而忽视。相反，真正有效率的人，是急所当急、不轻易放过机会并做好预防的。尽管也可能会遭遇突发事件，但他们总能找到办法解决这些问题。

所以，处理好重要但不紧急的事情对于我们形成有远见、有理想、守纪律的成功素质来说是非常有价值的。

建立活动日志，提高工作效率

高工作效率就如汽车在抵达目的地时，必须使用引擎、油箱等一样，它是成功的必备条件。前进的过程中，首先你要确定好自己的方向，并立刻采取行动，把该做的事情做到高标准、高质量，最大化发挥自身的潜力，最终将获得成功。

如果能将自己目标的内容明确清晰地写出来，你就能了解目标的全貌，以及手头要做的事的差异。一般公司将从事的工作内容明确地写在纸上，称之为"活动日志"。哈佛大学的时间管理专家会告诉你，妥善的计划和组织对于事业成功是非常重要的，而建立活动日志，安排日程行程则是走向成功的第一步。

你也可以借鉴过来：只要是自己该做的事，如果事先都能写出一份与工作报表相似的"清单"，就会对你实现目标产生预想不到的好处。依据这个"活动日志"，你可以清楚地了解该给自己安排什么任务，或者你要求的是取得什么样的成果等。

此外，还可以使用日程安排簿，如果你对何时应做何事心中无数，这个工具有助于你把所有资料很有条理地记录下来。"富兰克林计划簿""每日安排簿"和"日程簿"都是极好的工具。当我们醉心于某些小事务时，我们会发生失误而忽视主要问题。在这种情形下，工作日志可告示我们所忽略的主要事物。

从此刻开始，建立你的活动日志，把你的日程表科学有序地填满，按日程表、按计划执行的工作节奏会比手忙脚乱的慌乱节奏有用的多。

Chapter Four

第四章

保持自律——
别让时间白白
浪费掉

你是否总找不着要用的东西？你是否喜欢无意义的闲聊？你是否常被顾虑和后悔困扰……你是否注意到了生活中我们时时刻刻都面临着"窃贼"，不知不觉中我们的时间被盗走了？抓住它们后你会发现，自己的时间充裕了不少，效率也提高了许多。

培养紧急意识，加快工作节奏

在生活中我们经常看到这样的人：每天也没闲着，但总是觉得自己没有时间，到最后却发现自己并没有做出多大的成绩。

这是为什么呢？其实只要稍微留意一下他（她）的做事状态，就很容易得到答案：这种人做事往往很松散，任务能拖延就拖延，时间紧迫的时候，五件事一天就能做完，轻松的时候两件事同样也需要花费一天的时间。

公司职员詹姆斯就是这样的人，工作不紧急的时候总是不紧不慢的，中途跟人闲聊一段或小休闲一会儿，结果工作常常要拖到下班后才能完成。而跟詹姆斯同时进公司的帕克却不一样：帕克做事很利落，反应迅速，应对及时，每天都准时下班，下班后有充足的时间和精力进行休闲娱乐活动，完成的工作比詹姆斯更多更好，因而很受老板赏识，不久就被提拔为部门经理，成为詹姆斯的顶头上司了。

詹姆斯和帕克白天上班花费了同样的时间，却取得了不一样的工作效率，甚至是工作效果好的帕克花的时间更少。显然，这是工作意识和时间观念造成的差异。

你是否也是詹姆斯这样的工作状态？看似花费了时间却效率很低？如果是，那么你就需要赶紧培养紧急意识，加快工作节奏了。

著名企业家田中久重这样叙述他的成功秘诀："不管多么成功的企业，都有随时倒闭的可能性。当我工作时，我时刻提醒自己：我的事业有可能明天就化为乌有。正是这种紧迫感，促使我快节奏、高效率地工作，只有这样才能避免这种可能性的发生。"

这种说法可能有些过激，但它说明了我们以快节奏做事的必要性。生命和时间是有限的，我们每时每刻都是在跟死神抢时间。所以，工作时就应该时刻保持一种紧迫的精神状态，力求以最快的速度解决工作任务，把节省出来的时间用来做别的事情或者休息以提高效率。

用简单易懂的语言来沟通

有效沟通是企业和个人在社会生活中的基本问题。要取得有效的沟通是需要一定语言技巧的，如果不注意方法的运用，不但达不到预期的效果，还会浪费宝贵的时间。

在华尔街有一个小规模的商业银行，创办人是墨西哥人马丁斯。马丁斯在美国生活了很多年，在职场上发展得挺成功。他自认为对美国和华尔街很了解，于是他十分自信地开办了这家公司，谁知公司的发展并不如他想象的顺利，有时经营状况甚至不如后来开办的其他小公司。于是马丁斯请到咨询专家查找原因，专家发现马丁斯公司存在的唯一明显问题是公司的执行力不好，员工们普遍反映相互之间难以准确沟通，根本原因是员工们来自不同的国家，他们的英语发音各异，因而无法准确沟通。

在如今的生活中，很多人为了显示自己的"才学"，喜欢用专业的术语或者高深的词汇，经常让别人误解了他的本意。这其实是一种很不好的沟通方式。这种人看似高深，实则愚蠢。不能让人听懂的语言可以说是无效的语言，纯属是浪费时间。用简单易懂的语言来沟通才是最省时有效的沟通技巧。

与人交谈时，快速切入主题，用最通俗简单的语言去传达我们想要表达的东西，让对方在最短的时间里正确地获取并消化我们的想法，这才是完美的沟通。

如果我们说的每句话都能让别人减少1秒钟的理解时间，就相当于帮我们自己省去了5秒钟的解释时间，那么我们1天就至少节约了10分钟，1年就是3600百分钟，60年就是3600个小时，这样我们的时间利用效率就有了非常可观的提高，我们为什么不这样做呢？

用简单易懂的语言进行沟通，要掌握下面这些技巧：

1.少用长句，尽量使用简短的句子

频繁使用长句不仅不利于别人集中精力听我们说话，还容易造成别人对我们的误解，简短的句子则不存在这些问题。

2.多用肯定句，尽量不用或少用否定句

"不""不是""没有"这些词会让别人对我们的话产生理解

困难，比如"这件事如果不这样做就不利于我们的工程的进展"远没有"这件事这样做有利于我们工程的进展"听起来让人舒服。

3.尽量使用主动语态，不用被动语态

使用被动语态会造成听众对说话者本意的理解困难。现在的人大都没有足够的时间和耐性去仔细聆听被动语态，说话的人应该考虑到对方的感受，尽量保证对方能够快速正确地听懂我们的意思。

总之，在与人对话时，我们应该收起那些累赘的修饰和拐弯抹角的表达，只有简单才是硬道理。

避免无意义的闲聊和空谈

如果进行严格的数量统计，那么闲聊极有可能是人类从古至今浪费时间最多的事情。有人曾经明智地指出："给舌头找工作是只有魔王才最喜欢的事情。"我认为这种说法毫不夸张，因为恶意的闲聊而造成的是非瓜葛真是数也数不清。一个不能坚决、果断避免闲聊的人，不可能获得成功。

美国电视网的老板凯·柯波在会见客人的时候有个特点：一旦她觉得会谈时间到了，就立刻开始埋头整理文件。她说："我尽可能避免待人失礼，但我埋头整理文件却不免有些失礼。可我实在是不得不这么做，因为继续谈下去已经没有意义，只会浪费我有限的时间。"

为防止闲聊浪费我们的时间,我们首先要避免误入毫无意义的闲聊,其次要学会如何果断地中止闲聊。对上班一族来说,闲聊最主要的体现就是在办公室里由一个热门的小话题而引起了广泛的讨论,而且这往往有某种非常"正当"的理由,并且内容与工作毫无关系,然后就对时事政治的相关话题聊开了,最后越扯越远。不知不觉间,该做出工作成绩的一段时间就这样被白白浪费了。避免这种闲聊的办法就是"绝不开口":无论什么事情,都不要开口说话,只能是先好好工作,做完手头应该完成的任务。所以,想要避免闲聊的办法很简单,就是不说话,一句话也不说。

如果你控制不住开始说话,而且突然意识到自己正在陷入无意义的闲聊,这时候你就需要鼓起勇气坚决停止这段闲聊。如果你率先开口,对方可能会感到这是一种解脱,甚至感激你,而不是对你有什么意见。对于熟悉的朋友则没有必要过于委婉,只需很直接地说:"我们已经说清楚了,要不先就这样"或者"咱们别聊了,还有正事等着我们做呢"就行了。

伟大的文学家高尔基有一句话很精辟:有的人之所以轻视实践,偏爱空谈,是因为把语言化为行动,要比把行动化为语言困难得多。要知道语言不会帮助我们完成工作,只有实践才能出结果,才会带来成就。那些只知道空谈的人实际上就是在浪费时间,没有付诸实践,说的任何内容都是废话。只有少说多做、踏实做事的实干家,才能真正地利用时间,才能做出有意义的事情。

每个人的时间都是相同的,也都是有限的,如果一个人把过多的时间花费在空谈上,那么他做实事的时间必然就减少了。自然地，他在个人成就上就会落到实干家的后面。

当我们正在大吹大擂某个"宏伟计划"时，不妨先闭上嘴巴，而应该把计划付诸实践。当我们的计划成为现实的时候，不用我们自己宣传，别人自然就知道了。记住，空谈始终是空的，它不会有成果，而只会浪费时间，延误机遇。不要把过多的时间放在空谈上，只有少说多做，才能更好地利用时间完成更多有价值的事情。

与人交谈，控制好谈话的环境和进程

我们每天都要在与人交谈上花费一些时间，因此，学会谈话的一些技巧，可以帮助我们节约很多时间。

首先，我们要注意谈话的环境。如果我们是在闹市或者十分嘈杂的场合，就应该尽快结束谈话，或者换一个安静些的地方再继续交谈，因为在吵闹的环境下交谈根本不会有成效，反而是只会浪费时间。

其次，与人交谈的时候，我们应该控制好谈话的进程。所谓谈话的进程，就是谈话的内容、何时谈到何种程度、何时结束谈话。我们必须取得主导地位，引导谈话进程，而不要让对方把话题扯到别的内容上。当谈话已经偏离了我们设想的方向，没用的内容重复出现时，我们更要把话语引导到有意义的方向。

提问是一种很好的引导方式，可以让对方回到正题上来。委婉地暗示对方已经跑题了，也是一个很有效的方法。当对方的谈话没有条理、不合逻辑或者让我们无法忍受的时候，不要迁怒对方，更理智的行为是引导对方合理有序地表述。

如果谈话已经进入到了没有实质性内容时候，对方依然说个不停，为了不浪费双方的时间，我们可以用以下几个方法来结束谈话：

方　　法	方　　式
发表总结或阐述结论性意见	说"好了，这件事情……"
暗示对方我们已经没有时间了	看手表或挂钟
提醒对方我们很久没有休息了	表现出很疲惫的样子
采取较为直接的方式	告诉他自己很忙，必须离开了
谈话接近尾声时	告诉对方自己还有别的事情，时间有限

控制好谈话的进程可以让我们从无谓的谈话中摆脱出来，快速有效地从谈话中获取我们需要的信息，传达我们想要表达的信息，这样就可以真正做到省时高效。

收住好奇心：别被无关的人或事所干扰

好奇心有时候会是一种可怕的东西，它甚至会杀死一个人，更不用说杀死我们的时间了。

稍微观察一下我们的日常生活就会发现，很多情况下，好奇心就是导致我们浪费时间的重要原因。

因为好奇，我们选择了一条平时不常走却要多花10分钟的路线；因为好奇，我们停下脚步去围观路边的一场争吵；因为好奇，我们听到窗外的鸟叫而停下手头的活向外张望；因为好奇，我们接待了一个不速之客，中止自己的事情听他诉说他的故事……

如果把这些因为好奇而浪费的时间都加起来的话，几乎可以让我们多活三四年！可以说，好奇心是时间的杀手。

如果我们想要收回这些被浪费的时间的话，那么有效的方法是收起我们的好奇心。当然，好奇心是人类的本能，想要收起不是说说就行了的，我们需要一定的克制力来拒绝好奇心的诱惑。

想要拒绝好奇心的诱惑，首先要使自己静下心来。当我们浮躁的时候，最容易受身边的事情影响。如果我们专心于手头上的事情，就不会察觉到其他的变化情况，又怎么会产生好奇之心？

拒绝好奇心的诱惑，还要随时提醒自己"我很忙，我有工作要做"。这样，我们就不会被好奇心偷走时间了。

拒绝好奇心的诱惑，就要清醒地认识到什么是有意义的事情，什么是没有意义的事情。拒绝那些让我们好奇但却没有意义的事情。

拒绝好奇心的诱惑，还有一个另类的绝招是：找机会把我们能做的事情全部做完。这样就不会时刻惦记着事情，不会被好奇心驱使了。经历的事情多了，好奇的事情自然就少了。

当然，既然承认了好奇心是我们的本能，那我们就不可能完全战胜它，只能尽量地去克服它，从它的手里抢回本属于我们的时间。生活中的诱惑太多，我们应该有意识地控制好奇心，使我们的思维完全投入到眼前的事情中。只有把注意力集中到最需要关注的事情上，不因好奇而分散注意力，才能够提高效率，节省时间。

学会对人说"不"

当朋友们邀请你去逛街的时候，你本来不想去的，但你又顾及交情而勉强自己，于是你答应朋友一起去了。逛街时朋友们买了他们需要的东西，而你也顺便买了一些本来不需要的东西，最后损失最大的是你自己——既损失了时间又损失了钱。其实，你只需要一秒钟的勇气，只要温和地说一句："我恐怕不能去了，我有要紧的事情要处理"，朋友们绝对会理解并尊重你的选择，你也不会有时间和金钱上的损失了。

学会说"不"，是保护我们的时间的必要方法。

谷歌全球副总裁李开复认为，一个优秀的员工，必然是有时间管理概念的人，他能分清事情的轻重缓急，必要的时候他会说"不"从而保护自己的时间。李开复以自己在微软时期的同事潘正磊为例证明这一观点：

作为微软总部产品部门晋升最快的经理，潘正磊在职场可谓是一路绿灯，他成功的秘诀就是善于"保护时间"。

潘正磊刚加入微软时的职位是软件开发工程师，这个职位要求他和多个研发小组合作，于是他的办公室里每天总是人来人往，很多人都带着各种问题来问他。刚开始时，潘正磊以团队合作为重，因此常常停下手头的工作为别人解答，结果自己的工作任务总是拖延后才能完成，为此受到上司的批评。后来潘正磊提出了"回答问题时间"的规定，同事只有在这段时间才能来找他提问，其他时间不允许打扰他。从这以后，潘正磊有效地保护了自己的工作时间，这使得他的事业开始上升起来。

如果没有"回答问题时间"的规定，潘正磊就不会拥有现在的成就，他可能只会每天回答没完没了的问题，直到筋疲力尽为止。从这个事例可以看出，保护自己的时间多么重要。

很多人都不好意思拒绝别人，以致无法专心地做自己的事情，耽误了自己的时间，受到损失的还是自己。潘正磊的态度和方法很值得我们借鉴。当你发现时间有可能被别人"盗取"时，请勇敢地说"不"，坚决保护自己的时间所有权。

学会说"不"，赶走占用时间的不速之客，保护我们自己的时间，这样我们才能保证有足够的时间来做重要的事情。

学会整理东西，避免浪费时间

"我的车钥匙跑到哪儿去了？""牛仔裤在哪儿？""昨天发的文件怎么不见了？"

这些话是不是觉得很熟悉，大家也一定都有过这样的经历吧。

如果总是不整理好自己的东西，那么，一天中就会有大量的时间花在找东西上。

对那些经常使用的东西，应该放在身旁，这样找起来就会比较容易。而那些虽然不是经常使用，但也很重要的东西，每次在用完之后，一定要放在一个固定的地方，这样下次再用时就不怕找不到了。

最重要的是，一定要养成整理房间的好习惯。如果让妻子或者秘书帮你打扫房间，那么你就不会很清楚东西都放在什么地方，用起来当然会不太方便。

当一个人很忙、事情很多的时候，如果还要花费大量的时间在找东西上，那么时间的利用会是非常低效率的。因此，如果你现在还没有开始整理，别犹豫了，立刻去做吧。虽然整理东西也需要一定的时间，不过，可以防止以后浪费更多的时间，两相比较，还是很划算的。

别让顾虑浪费时间

特里最近因为家庭琐事烦恼而受到一个心理问题的困扰，他自己无法解脱，于是，他想到了有名的心理医生汤普森，决定向汤普森寻求帮助。但在去汤普森诊所前，特里先是有意识地组织自己的语言，而且推测跟汤普森对话时会遇到什么提问，然后自己该怎样回答。为了避免无话可对的尴尬场面，特里一遍一遍地演练，精心准备了一天。去之前特里出现了紧张情绪，于是他想取消去汤普森诊所的计划。

去，可能会紧张或说错话，汤普森医生会要求自己花大量时间治疗，这样会耽误自己本来就紧张的时间；不去，自己的心理问题无法解除。特里犹豫再三，并再度失眠，最后他实在忍受不了痛苦的折磨决定去了。到了汤普森医生那儿，汤普森医生很快做出了诊断结果；只是小小的问题而已。汤普森医生开导了特里一下，并结合药物治疗，过了几天特里就彻底康复了。

这则故事值得我们每一个人反思。其实这是一个很严重的社会问题：生活中有很多人像特里一样会为一些无聊小事而顾虑，为一些琐事而承受巨大的心理斗争，结果是白白浪费了自己的宝贵时间，到头来才会发现自己的愚蠢行为。

回想你走过的人生道路中，你是否也曾把大量的时间浪费在犹豫不决上，总是过多地顾虑？其实你没有领悟到，顾虑只会浪费时间，而不会有更好的结果。

人生路漫漫，什么样的风雨不会经历？为何要为一些琐事而纠结、痛苦呢？生活中值得我们追求的东西还有很多，如果一味地纠缠在那些毫无意义的琐事上，到头来只是自寻烦恼。生命匆匆，有限的人生不允许我们四面出击，分散自己的时间和精力。不要顾虑太多，要明白自己的立足点，要知道取舍。知道取舍的人才是懂得争取的人，他们争取的是时间，争取的是更有意义的事物。

在工作和生活中，我们应放弃太多没必要的细节，放下担心和顾虑，因为这些是束缚我们思路的绳索、盗取我们时间的窃贼。生活中如果顾虑太多，只能让我们增加更多烦恼，失去更多。

不要浪费时间去"证明自己"

"证明自己"是大多数人的愿望。"证明自己"本身没有任何错误，但是，很多人实际上是挣扎着想"证明自己给别人看"。殊不知，"证明自己给别人看"恰恰是最浪费生命的一种行为。

因为，如果你是出色的，那根本不需要你去证明，别人自然会看到；如果你是平庸的，也不需要你证明，别人同样会看到。如果你是出色的，却仍然要刻意证明，可能会招致不必要的麻烦，比如他人的嫉妒——天下最可怕的事情之一；如果你是平庸的，却费尽心思要证明自己，那么在别人眼里你就是一个小丑而已。

你的确比你身边的人强，但是他们却不认可你，为什么呢？

一方面，很可能事实上只是你自己"觉得"你比别人强而已。每个人都有这种倾向。心理学家们早就观察到这个事实，并从不同的角度设计出各种各样的心理学实验验证这种普遍存在的心理倾向。比如，当一个团队获得成功的时候，团队的每个成员都会倾向于把成功归因于自己的贡献而忽略别人的存在；而当一个团队失败时，每个人又都会倾向于把失败归咎于他人的过失而尽量把自己排除在责任外。

另一方面，人们普遍不自知。不自知到什么程度呢？心理学家做过一个调查：绝大多数司机坚信自己的驾驶水平处于中等水平之上。如果有条件的话，你可以做一个实验，让周围的人给自己的相貌打分，最高10分，最低1分，那你就会笑着发现大多数人给自己的分数都超过6分，即便其中有些人的长相其实挺难看的。

所以，就算你确实比别人强，其他人也可能没有察觉到，因为他们也同样觉得自己比别人强——不管事实究竟是怎样的。如果你能理解这样的道理，那么就会明白自己的烦恼是多么无意义了。

所以，我常常劝告身边的朋友，不用花心思让别人承认自己比他们强，因为这是几乎没办法做到的。

如果你想不开，一定要别人承认，那就记住一件事：你比别人强一点，根本没用。真正有用的是，你不仅比别人强，还要比别人强出很多很多才行。

可是，如果你在某一方面比别人强出许多的时候，你知道你会面临什么样的境遇吗？哈哈，可能会出乎你的意料——你身边的人不会在这方面跟你比较了，他们会自动放弃，然后跟你比你不如他们的地方！

如果你是第一种人——真的出色并且还"有抱负"，通常情况下，你的生活不会太难过。因为谁都挡不住你，就好像"谁都阻挡不了历史的车轮滚滚向前"一样。

如果你是第二种人——平庸的同时又没有太多的野心，那生活一定会相对平静。人们认识你久了，就多少会羡慕你，因为你总是过得舒服无压力，那份平静，不由得一些人不羡慕。

这世界上最多的是第三种人——极为平庸却有着伟大的理想。这种人往往要用特别诡异的方法才能出奇制胜。事实上，他们往往相对成功，就好像劣币能淘汰良币那样；而少数倒霉的，他们失败了，就被人们贬称为"野心家"了。

而如果你是第三种人，那你可就倒霉了。因为，第二种人会误以为你是第一种人，而把你当作敌人或者竞争对手。第二种人是不会相信你没有"理想"或者"野心"的。于是，你就不得不证明自己，生活因此增添了太多的烦恼。

这个分析只是初步的，往下还有更复杂的。要知道了解自己是个漫长而艰难的过程。所以，区分清楚很不容易。同时，你也看到了，无论你怎么做，还是很难获得别人承认的，因为你的想法和做法并不能影响他们的判断。所以，想办法"获得自己确实出色的证明"，实在是没有意义的事情。

扔掉最浪费时间的句型："如果……结果就不是这样！"

我们所使用的语言往往会限制我们的思维，而我们的思维被我们使用的语言所左右的结果是——我们的行为也会因此受到影响。这样的例子特别多，今天要说的就是这样一个限制我们思维，进而影响我们行为的不良句型——"如果……结果就不是这样！"，这个句型是用来表达后悔情绪的，而"后悔"是最浪费时间的——因为无论如何，"后悔"都无法挽回既成的事实。

当人们遇到生活的尴尬时，脑子里就会很自然地产生用这个句型表述的想法：

"我如果买了那几只股票现在就已经发财了！"

"我如果当初坚持下来就能成功了！"

"如果选择这个行业，我的事业就会发展得比现在好！"

"如果我能勤劳、高效些就会升职了！"

之所以在遇到尴尬时会这样想，是因为大多数人早就明白了一个简单的道理：我们所面临的今天，很大程度上取决于我们的过去。可是，时间的属性决定了，已经发生的事实无法更改，无论后悔的程度多么强烈都无济于事。

另一个原因则是，每个人都无法接受自身的现实局限。每个人来到这个世界上的时候，都不是完美无缺的，并且，无论怎么努力，也注定不会是十全十美的（当然，我们还是需要努力奋斗的，因为努力可以使我们相对完美或者更完美）。所以，身高矮的人希望自己再高一些，丑陋的女人希望自己能变漂亮，衰老的人希望自己能显得年轻些，肥胖的人希望自己变苗条……

过去的事情是无法更改的，现在的烦恼是无济于事的。但是，将来的尴尬也许是可以避免的——只要现在的行动没有出错的话。换句话讲，为了避免将来的尴尬，必须在今天做出正确的行动。所以，当脑子里再闪现类似"如果……结果就不是这样！"的念头的时候，要马上提醒自己"停！这个念头最耽误事儿了！""停！这个念头最没用了！"

如果你想知道类似"如果……结果就不是这样！"的念头有多么可笑，不妨想想你经常听到的一句话：

"如果我没浪费那么多时间，结果就不是这样！"

可是你已经浪费了那么多时间，现在竟然还在浪费时间！

Chapter Five

第五章

克服拖延——
提高自控力
是关键

在生活中你是否曾经不止一次告诉自己：我明天再做它，时间还来得及，或者后天开始也行。为什么是明天，今天不行吗？我们都知道做事情拖沓不好，为什么还要那样做呢？拖沓是时间的强盗、效率的天敌，它是人们公认的一个坏习惯，它不但浪费你的时间，影响你的工作和生活，还让你错失了很多机会。相信你曾为了改掉拖延的坏习惯，而陷入苦恼、自责、悔恨，但又无力自拔的深渊，如何才能克服拖延的坏毛病呢？

所有的"急事"都是拖延造成的

生活中我们经常会看到一些人来去匆忙，被事情弄得手忙脚乱，他们总是跟人抱怨说："我该怎么办？时间不够，事情眼看不能完成了，这事太急了！"他们真的有那么多急事吗？事实是，他们所谓的"急事"都是"拖延"一手造成的。

让我们仔细回想一下，现在处理的急事是不是我们几天前或者一个星期前就应该做的？现在我们知道了吧，年少时我们就养成这样的习惯：在家里时，等爸爸妈妈快回来的前几分钟才慌慌张张地整理杂乱的房间；做作业时，总是拖到要交的前一个晚上才熬通宵来写完；到了上班的时候，总是拖到快迟到的时候才走出家门，然后在路上飞奔。这样的事情实在是不胜枚举。

其实这些事情我们本是有充足的时间去做的，只是被我们一味地拖延，拖到最后时间快不允许了，才变成不得不做的"急事"了。这样做的后果是什么呢？那就是我们浪费了宽裕的时间，到最后总是手忙脚乱，而且很有可能完成不了或者效果不好。这些"急事"不但弄得我们分外疲惫，而且，在那么紧迫的时间内，处理的效果自然不是最好的。

我们应该知道，许多该做的事情，是绝对推脱不了的。

有一个笑话：卡尔买了一双新鞋，但他没有马上就穿。别人问他为何买新鞋而不穿，他一本正经地回答："售货员说新鞋头几天穿会有些挤脚，所以我要过几天才穿。"

看了这个笑话，你肯定会哈哈大笑。笑什么？笑他的愚蠢。因为新鞋头几天穿总是要挤脚的，等几天难道就能避免吗？

在生活中不要犯"等几天"这样的错误，克莱门特·斯通指出："立即行动，是建功立业的秘诀之一。"该做的事情，立即着手去做吧！不要养成拖延的坏习惯。尽早完成任务，不但会提高做事的效率，还会让我们觉得轻松。轻轻松松地提前完成，何乐而不为呢？

当心陷入"帕金森时间效应"

1958年，英国历史学家、政治学家诺斯科特·帕金森出版了《帕金森定律》一书。

书中阐述，帕金森经过多年调查、研究发现：同样的事给不同的人做，所耗费时间的差异十分惊人。

比如，一个家庭主妇为了给远方的女儿寄张明信片，可以花上足足一整天：找明信片半个小时，选择用哪张明信片要1个小时，花半个小时查地址，再用1个小时仔细想想该说些什么话……但形成鲜明对比的是，一个大忙人可以在20分钟内寄出一叠明信片！

同样的事情，不同的人来做，所用时间的差别为什么这么大呢？一方面是做事的习惯不同。掌握了做事简洁的方法，养成了高效做事习惯的人，速度就快；而习惯了拖延的人，做事就慢。

另一方面，是时间分配与计划的问题。举个例子来说，如果我们有一项8分钟就可以完成的工作，而我们分配了8小时去做它，那么，确定无疑，我们的确会耗尽8小时的时间才能完成这项工作，即便它事实上只需要8分钟的时间。

一般来说，只要给定我们多少时间，任务就将使用多少时间。也就是说，如果你告诉我有一年的时间，那么这个任务就将花一年的时间完成；如果你告诉我有两年的时间，那么这个任务也将花两年的时间才能完成。这种效应是真实的，我们的确会调整自己的速度以满足最后的期限。如果我们认为有充足的时间，那么我们就不会早早地去完成它，而是给自己增加多余的、无用的事情去填充多余的时间。这就造成了拖延和时间的浪费。

所以，我们必须分外小心"帕金森时间效应"，避免我们宝贵的时间被吞噬掉。当我们接到一项任务的时候，我们同时会接到这项任务的时间限制：有时会很紧急，有时却会很轻松。我们不应该完全遵循给定的时间限制，而需要针对任务的具体情况，设定一个合适的期限，并按照这个期限去完成任务。特别是在给定的时间很宽松的时候，这样做非常有必要。因为只有这样，我们才能有效避免因为陷入"帕金森时间效应"这个怪圈而浪费大量的时间。

"快！快！快！为了生命加快步伐！"这句话经常出现在英国亨利八世时代的留言条上以警示世人，旁边往往还附有一幅图画，画面的内容是没有准时把信送到的信差在绞刑架上挣扎。当时信件都是由政府指派的邮差派送的，邮差如果在路上延误要被处以绞刑。可见在那个时代，不必要的耽搁被视为犯罪，它会给肇事者自身带来严重的处罚。看来，属于小毛病的拖延绝对应该避免，因为有时候它会带来致命的危险后果。

人生拖延不得，时间是珍贵的，卓越的人都是高效利用时间的人。

爱迪生是举世闻名的"发明大王"。他一生中有电灯、留声机、电报机等两千多项发明，这些发明给人类的生产、生活带来了翻天覆地的变化。一般人一生中能有一两个发明就已经很了不起了，所以常人往往难以想象爱迪生在他有限的生命里，如何能够取得如此大的成就？其实，爱迪生的秘诀在于珍惜时间，善于利用时间。爱迪生常对助手说，最大的浪费莫过于浪费时间，人生太短暂了，要想办法用最少的时间办最多的事情。

正是靠着勤于思考、节省时间的途径，爱迪生的发明事业才得以蒸蒸日上。

要想克服"帕金森时间效应"，我们必须在开始每一项任务之前，先规定好最后的完成期限，有了期限就有了压力和约束，我们便会加快节奏，提高效率。

如果爱迟到，就把手表拨快 10 分钟

在参加商业谈判、会议或约会等重要事务时，你是否会迟到，并因此被客户、同事或朋友责骂或抱怨？如果你是个爱迟到的人，

那么，告诉你一个绝佳的可以告别迟到尴尬的方法，那就是把你的手表拨快10分钟。

沃尔玛的老板沃尔顿就有这样的习惯。年轻的沃尔顿在一个咖啡店工作时，他叔叔送他了个闹钟，他特意把闹钟调快10分钟，从此他每天都是第一个赶到咖啡店工作的。这个习惯沃尔顿一直保持了半个世纪，直到今天他的手表依然快10分钟。

惠普前财务总监路易斯在接受记者采访时曾回忆说：

"当我还是学生的时候，上课经常迟到，几乎每隔一天就要迟到一次，我的老师很烦恼，为此批评过我很多次，可我还是改不了这个坏习惯。后来我工作了，却还是有爱迟到的毛病，因此被老板炒鱿鱼了。我意识到了问题的严重性，为此非常苦恼，这时一位老朋友帮我出了一个主意，那就是把我的手表拨快10分钟。我听从了他的建议把表拨快了10分钟。从那以后，我就再也没有迟到过了。而且，直到现在我还保留着这个习惯。"说完，他得意洋洋地把手表给记者看，果然是快了10分钟。

"其实，"路易斯最后总结道，"这个方法只是一个手段，关键是要在意识上培养自己的紧迫感，养成守时的习惯。否则的话，即使我们把手表拨快10分钟，我们还是会想我的手表快了，还有10分钟呢，这样我们还是会迟到的。"

迟到是一种很不好的习惯，如果我们是个爱迟到的人，就一定要尽快改正这个毛病。如果这个习惯已经很牢固了，那么我们就要采取一定的方法了。把我们的手表拨快10分钟就是一个很有效的方法，它让我们每次都能留出10分钟的余地，避免我们陷入困境。

10分钟不过短短一瞬，却能让你赢得主动。提前10分钟做好准备，不仅让你追赶上了时间的步伐，更让你在不知不觉中成为行动最积极的那个人，从而为你赢得更多成功的机会。现在就开始行动吧！让你身边的人从此改变对你的印象，再也不做"迟到大王"，相信你能成功。

果断地做出决定，不要拖延

狼的残暴实际上就是一种对生存的专注、对敌人的果决。面对猎物，它们会果断出击，从不犹豫；面对困境，它们当退则退。正是因为具有这种当断则断的果决意识，狼才会成功，成为草原上的强者。这个道理用在我们的事业、生活中也是非常可取的。

有一位猎人外出打猎，他看到一只兔子蹲在草地上，就立即拿起猎枪瞄准。此时，他暗暗对自己说："我要是打到这只兔子就吃它的肉，然后把皮卖掉，换来的钱用来买小鸡。小鸡长大后就让它孵化，直到生出很多鸡……以后我就有钱娶个老婆了。老婆再生个小孩，要是我的孩子上街去打架，那我就狠狠地训斥他说：'你这个不听话的小笨蛋……'"谁知话音刚落，兔子由于受到惊吓，立刻跑得无影无踪了！原来，正做着白日梦的他，居然真的"训斥"出声了。

机会降临时是不会长时间等待的，又哪容猎人这样先做一番白日梦？其结果必然是空欢喜一场，煮熟的鸭子也会飞掉的。

一位父亲试图赎回在战争中被敌军俘虏的两个儿子。他愿意以自己的生命和一大笔赎金来救儿子。但即便是这样，敌人只允许他救回一个儿子，他必须果断决定救哪一个。这个慈爱的父亲非常渴望将两个儿子都救出来，在这个紧要关头，他无法做出救哪一个孩子、牺牲哪一个孩子的痛苦决定。这样，他一直处于两难选择的巨大痛苦中，结果时间不等人，他的两个儿子都被敌人残忍地处决了。

快速决策和勇敢气质使许多成功人士度过了生命中的危机和难关，而关键时刻的优柔寡断则会给人带来灾难性后果。

威廉·沃特说过这样的话："如果一个人永远徘徊于两件事之间，对自己先做哪一件犹豫不决，那么他一件事情也做不成。如果一个人原本做了决定，但在听到亲人朋友的反对意见后就犹豫不决，那么，这样的人肯定是个没有主见的人，他在任何事情上都将一事无成。"

古罗马诗人卢坎描写了一种具有恺撒式坚忍不拔精神的人，实际上，也只有这种人才能获得最后的成功——这种人首先会聪明地请教别人，与别人商议，然后果断地决策，再以毫不妥协的勇气来执行他的决策，而他从来不会被面前的困难所吓倒——这样的人在任何一个群体中都会展现出过人之处。

所以，不要总是思前想后、犹豫不决。做重大决策时应当断则断，形成迅速决断的行动习惯，这样你才能把握住机会，取得成功。

当冬天的早晨你躲在被子里不想起床时，只要你一念的决断，就可以立刻清醒，从床上爬起来，迅速进入新的一天的工作状态。

因此，当你想偷懒拖延的时候，立刻行动起来。

当你上街购物时，吸引你眼睛的商品往往数不胜数，但你的钱只够买一样，于是你就会开始沉思，对任何一样都难以取舍，或者最想买的那件会有将来打折的风险。所以，慎重的考虑是必要的，但时机一到，一定得做出选择，这时，往往你第一眼看中的是最不会后悔的。于是，当你很难选择时要牢记一点：没有一项选择是十全十美的，相信第一眼的感觉往往是最可靠的。

果断地决定或决策吧！虽然有可能会犯错误，但总比什么也不敢做强。当断则断是一种机智的表现。不要再徘徊犹豫了，果断决策，立即行动吧！

不要沉迷于幻想中，要去做

沃克教授在讲授成功学时对那些眼神清澈的年轻学子们说："作为年轻人，我们在25岁的时候，如果希望自己在60岁时拥有100万美金，那么我们只要从现在开始每个月存90美金，再加上利息，到60岁时我们就可以实现这个愿望了。我们也可以期望在未来的某一天好运来临获得100万美金，但如果我们不采取任何行动，我们就只能寄希望于买彩票中大奖了。"

所有的愿望都是靠实际行动来实现的。如果一味地沉迷在幻想中，我们是得不到想要的结果的，所以还不如放开手脚，尝试着去做一下，不管能不能成功，至少我们没有浪费时间。

我们往往羡慕那些在金字塔顶端的人物，幻想着自己哪一天也能成名，成为第二个比尔·盖茨。但是我们要知道，比尔·盖茨今日的成就可不是靠幻想得来的，当我们在幻想的时候，他已经把他的事业推向另一个高峰了。

我们的问题不是没有时间，而是在时间的使用上出了问题：我们没有把足够的时间用在做上，而往往是把它用在了空想上。我们只有果断地去做，去付出，朝着我们的目标奋斗，才能成功。

现实生活告诉我们，理想的实现需要艰苦的努力和劳动。只有付出艰苦的努力才能实现人生的理想。农田里不可能自动长出金谷，天上也不会掉下馅饼。

一次行动胜过千百遍的幻想，别浪费时间了，积极行动起来吧！切实地去做，这样才有可能实现你的理想。

别把"明天"挂在嘴上

很多人都喜欢把"明天"挂在嘴边。"这件事明天再做吧""明天还有时间呢，等明天吧""今天累了，明天再继续好了"……有这样的心理，是因为我们对"今天"的重视不够，假设今天是我们生命中的最后一天，我们还会等待明天？显然不会。我们一定用自己百分之百的精力，把今天的事情做好；我们一定会用自己的热情，为明天的事做好准备。

传说在美国西部落基山脉的悬崖峭壁上栖息着一只与众不同

的寒号鸟：它长着四只脚，一对光秃秃的翅膀，但无法像其他鸟儿一样飞行。夏天，寒号鸟长满了绚丽的羽毛，样子十分美丽，所以它整日游荡，四处炫耀毫无作为。随着寒冬的来临，其他的鸟类都开始为越冬做准备：有的开始结伴飞到南方；有的整天忙着积聚食物，衔草筑巢。唯独寒号鸟仍然是整日东游西荡。

冬天来了，天气一天比一天冷，其他鸟儿都换上了羽绒新装，而且待在温暖的巢里。这时的寒号鸟，夜间它躲在石缝里冷得直打哆嗦，它这时才后悔白天没有及时垒窝。等到天亮了，温暖的阳光一照，寒号鸟忘记了夜晚的寒冷，于是它又没有抓紧时间垒窝。就这样，垒窝的事情一直往"明天"拖，最后寒号鸟冻死在岩石缝隙里了。

我们要在心中牢记：今天的事今天一定要完成，只要我们全力以赴去做，就一定会有结果。过分关注将来，将导致我们夸大困难，养成拖延的坏毛病，而不是最大限度地发挥自己的才能。

请记住斯内卡说过的话："如果不积极行动，我们就会落后。当最好的时间离开我们后，最差的时间就会到来，生活最完美的部分出现在人生的早期，而在人生的晚期则是生活的糟粕。人生的晚期没有什么是好的，晚期我们只能致力于德行的完善和一个目的——活到一个很少有人能企及的年龄。"

其实，为了避免把今天的事拖到明天，我们可以采取如下措施：

1.认清事情拖延到明天的危害

我们可以专门记录一下拖延造成的不良后果、耽误的时间以及增加的工作量，然后对记录的内容进行反思，彻底认清把工作拖延到明天的危害。

2.排除干扰

对于不速之客来访或者电话等干扰，应该及时采取相应的对策，防止因被占用过多的时间而影响今天的做事进程。

3.自我奖励

可以制定一些自我奖励制度，例如：如果能及时完成今天的任务，就奖励自己玩一会儿久违的游戏等。这会激起我们保证今天完成任务的热情。

不要总是为"不做"找借口

我们常常会使用借口，而且一般我们使用借口都是为了避免做事情。

我们会说，"我很累了，应该休息一下，这件事就别做了吧""这件事总会有别人来做的，为什么必须得我去做呢""现在下雨了，我改天再去吧""现在有人约我出去，改天再做吧"。清晨，闹钟将你从睡梦中惊醒，想着自己订的今天的计划，同时又感受着被窝里的温暖，一边不断地对自己说该起床了，一边又不断地给自己寻找借口再睡一会儿。于是，在纠结中，又多躺了5分钟，甚至10分钟……

这些花样百出、看似正当的理由，实际上都是我们为自己找的冠冕堂皇的借口。当我们受惰性的控制，不想去做某些事情的时候，我们会下意识地为自己找借口，找到借口之后，我们就可以心安理得地把这件事搁到一边了。但实际上，这些事情我们最终还是要做的，找借口的结果无非是把这些事情拖后了，最后等它们积成一堆之后，就会让我们手忙脚乱了。这样不但影响了我们做事的进度，还浪费了时间。

所以，我们应该建立这样一种意识：不要总是为躲避某件事而寻找借口。

罗斯福总统说过这样一句话："我从不为自己找借口，既不为我做错事找借口，也不为我不愿做事找借口。与其花时间、花精力找借口，还不如去做呢。"

我们需要明白，借口是没有任何意义的，即使有借口，它也不能成为我们不去做某事的理由。所以，我们不要以借口来纵容自己，一味地纵容最终只会让我们自己吞下苦果。当我们不想做某件事的时候，第一反应不要是去找借口，而是可以适当地接受这件事，当我们做完之后，我们会发现事情并没有我们想像得那么困难，而且还会有意想不到的收获。

理想状态下，借口将是超越思想和行为的自我保护的习惯，从而会阻碍我们接触到生活中最具挑战性的一面，妨碍我们到达那个激发创造性和勇气的境界。

停止去寻找借口吧！把时间花在做事上。让我们重新审视自己，带着满腔的热情投入到工作和生活中，不断向成功靠近。

认为耽搁一点时间不要紧，其实很愚蠢

大学毕业后刘易斯如愿以偿进入一家软件公司从事软件开发工作，4年下来他的工作能力不断进步，成绩为所有人所认可，事业开始步入快车道。有一天，人事总监通知他下周一参加公司总部的经理职位竞聘，刘易斯为此激动了好几日，并做好了充分的准备。总部的竞聘演讲时间是周一上午8点开始，这个时间稍有点早，如果刘易斯不早点动身，周一可能会耽误事情。但是生性乐观的刘易斯太过于随意，周一他没有早早出发，而是按照平常的作息进行，这导致他的时间略显紧张。更糟糕的是，在路上刘易斯执意去他常去的那家早餐店买他喜欢的早饭，他认为不应当太紧张而忽视早餐，耽搁一点时间不要紧。

结果，刘易斯果真迟到了，因此他失去了一次难得的竞聘机会。

这虽然是一个普通人的小故事，但它告诉我们，像刘易斯那样在关键时间仍坚持认为耽搁一点时间不要紧，其实是很愚蠢的行为。殊不知，A事情上耽搁一点时间，B事情上又耽搁一点时间，累加起来就很多了，到最后连自己都不知道时间都浪费在哪里了。这是一个习惯问题，只要有这样的习惯，那时间必然会被浪费掉。而且即使我们确实只是耽搁了一点时间，也有可能因为耽搁的这一点时间，导致我们错过了时机，铸成了大错。

所以，不要自作聪明，认为耽搁一点时间不要紧。如果因此而与良机失之交臂，会让你后悔终身的。如果你现在仍有诸如"手头上的事情先停一会儿，时间还来得及""这项任务已经完成这么多了，今天耽搁一下不要紧"等想法，你就要小心了，机会不等人，养成"耽搁一点时间不要紧"的恶习，你将一事无成。

强迫自己动手去做已经被一拖再拖的事情

有一个人，他觉得自己的身体有点不舒服，但是又懒得去医院检查。于是他告诉自己，可能是一点儿小毛病，没关系的。随着日子一天天过去，他身体的不舒服并没有消退，但是工作却越来越忙，于是他总找这样那样的借口不去医院检查。事实上，检查只需要半天时间而已。

过了半年，他发现自己的身体实在太难受了，于是非常不情愿地请了半天假去医院检查。结果医生告诉他，他得了胃癌，而且已经是晚期了，如果半年前他来检查，或许还有救。这个人非常伤心，同时也懊悔自己没有在开始不舒服的时候就来做检查。由于自己执意一拖再拖，结果身体被自己活活拖垮了。

办事拖延可以说是一个非常常见的习惯，所以，我们总是会遇到一些被我们一拖再拖的事情，这些事情往往是我们非常不愿意做的，而且拖得越久就会越不想做。最好的处理方法就是狠下决心，马上去解决它们，这样才能弥补我们的过失。既然我们不想去做，我们就得强迫自己去做，因为事情越是拖下去，我们去做的可能性就越小，如果一直拖下去的话，会成为我们的一个负担。而只有适当地自我"强迫"，才能养成自律的习惯。

我们应该强迫自己去做一些事情，用我们的理想、信念，责任感来鞭策自己，战胜自身的惰性。所以，现在就去正视那些被我们一拖再拖的事情吧，用坚强的意志动手把它们处理掉，让它们真正地从我们的视线中消失。

"时间就像海绵，挤一挤就有了。"我们喜欢浪费时间是因为我们有惰性，有时候，采用强迫法可以帮助我们加强自律，养成做事不拖延的好习惯。

强迫法是提高工作积极性的一种有效方法，使用强迫法需要经过练习，并掌握一些技巧。

在这里给大家介绍最有效的强迫法——用"公言实行"的方法逼自己达成目标，即在大家面前说出自己想做的事情，这样就会形成"自己必须要做"的无形压力，从而集中精力去完成它。

我们应该积极地说出自己的目标、理想，并让大家做见证，督促我们朝着这个方向去努力。但是仅对一两个人说出自己的目标是不够的，因为只有对数量充分多的旁人说出了自己的目标，才会形成强大的监督及压力效应，这才能有力地促使我们强迫自己去做事情。很多人都会为自己的退缩、不作为找到"正当化"的理由，这便是无法达成目标的重要原因之一。

如果我们有参加演讲的机会，那么，这正是我们言出必行的大好时机。在大家面前自然地说出自己想要做的事情，虽然并不代表跟在场的人作约定,但是,一旦说出来之后,不做就不行了。至少不能让别人觉得自己只是一个说大话或只说不做的人。如果我们能灵活运用"公言实行"的方法,就能帮助我们充分利用时间。我们可以现在就尝试这种方法,在自己的一群朋友面前说出自己的想法,相信会有帮助的。

"公言实行"法只是强迫法中的一种,其他的还有很多,只要不给自己留下退缩的余地,便可强迫自己达成目标。这些强迫式的方法虽然难听,但的确有效,如果你在工作、生活或其他方面遇到因拖延而无法完成的任务时,就可以采用这类方法,保证它能帮助你解决问题的。

使用"诱导物"帮自己改掉拖延的恶习

与强迫自己去做已经被一拖再拖的事情相比,使用"诱导物"帮自己改掉拖延的恶习是一种"甜蜜"而有效的方法。

我们往往在事情进行一半时就不想再做下去了,为什么会出现这种情况呢?是因为我们看不到具体的利益,我们找不到一个明显的理由让我们继续做这件事情,所以我们常常想放弃。使用"诱导物"就是给自己找到一个具体利益的好方法。

什么是"诱导物"呢?直接地说就是一些能吸引我们、诱惑我们的小奖励。使用"诱导物"就是指完成一项困难的事情时给我们自己一些小奖励,来促使我们快速地完成这项任务。这些小奖励可以是一件心仪已久的衣服、一次旅游、一张电影票、一顿大餐，可以是实物，也可以不是，只要是能吸引我们的奖励就行。

当我们做某件事，进行到不想继续下去的时候，我们可以这样鼓励自己：做完之后，我就可以去看场电影了；做完之后，我就去买那件衣服，不然不能买；做完之后，我去吃顿美餐犒劳自己；做完之后，事情暂时告一段落，我可以去旅游放松一下。这样，我们看到了做完事的好处，就有继续下去的强大动力了。虽然我们给自己的小奖励可能比不上做完这件事带给我们的真正意义，但这些小奖励是具体而非抽象的，并且是可以及时得到的，所以往往更具诱惑力，更能促使我们去工作。

当然，我们在选择"诱导物"的时候是需要一定技巧的。第一是它必须具有诱惑力，不然我们就宁愿得不到它，也不要再做下去了；第二是要有可行性，如果自己知道即使自己做完事也得不到这个诱导物，那么这个诱导物根本不会产生作用；第三是诱导物不可提前享用，如果事情还没做完我们就让自己得到了小奖励，那么这种方法就必然没用了。

使用"诱导物"帮自己改掉拖延的恶习，让我们做起事来更加愉快，更有动力。

Chapter Six

第六章

化零为整——
向零碎的时间
要效益

零碎的时间在未被利用前通常是无价值的。比如一堆零乱的木头，没有整合仅仅就是木头而已，随时都有腐烂和被丢弃的可能；比如纷纷扬扬的木屑，如果不收拾起来，断然是不能作为燃料使用的。漫长的人生里，充斥着无数的零碎时间，懂得珍惜时间的人，往往更珍惜零碎时间。我们也应该学习这种精神，把零碎的时间拼接起来，利用它产生大效益。

学习"微视",以分钟来衡量时间

人类对时间的意识和控制,随着社会的进步而逐渐加强,现代人计量时间的单位由时、刻逐步精确到分、秒甚至毫秒。在现代生活中,我们的时间往往不是一小时、一小时地浪费掉的,而是一分钟、一分钟悄悄溜走的。

雷巴柯夫曾说:"用分来计算时间的人,比用小时计算时间的人,时间多59倍。"

军事家苏沃洛夫也曾说:"一分钟决定战局。我不是按照小时来行动,而是按照分钟来行动的。"

著名的海军上将纳尔逊,曾发表过一项令全世界的懒汉都震惊的声明:"我的成就归功于一点:我一生中从未浪费过一分钟。"

富兰克林有一句名言:"时间是构成生命的材料。"谁了解生命的重要,谁就能真正懂得时间的价值。我们最宝贵的生命不过是几十年时间,而生命是由一分一秒的时间所累积起来的。如果没有善加利用每一分钟,时间是永远无法返回的。

运动场上,以十分之一秒或百分之一的时间差,决定谁是纪录的创造者。航海中,使用六分仪的海员,1秒钟的差错将使他的观测相差1/4英里。总之，对现代人类来说，"争分夺秒"有时也是不够的，我们度量时间的单位应该更精确。

时间不够用的时候，人常常会想，如果一年可以变成712天，如果一天变成48小时，该多好啊！可是，即便真是那样又如何呢？712天在一天天浪费中依然会过去，48个小时在一小时、一小时的忽视中依然很快到头。与其这样的幻想，不如缩小自己的时间衡量单位，利用好每一分每一秒。

我们的生命是有限的，我们能拥有的时间也是有限的，我们无法增长寿命，也不可能改变时间，但我们完全可以增加自己的有效时间。我们常常以"天"来衡量时间，我们记得今天做了什么，昨天做了什么，但其实仔细想一下，这一天中有很多个小时是在浪费中度过的，而在那些我们自以为很有效率，做了很多事情的小时当中，也浪费了一些时间。

以年、月、天来衡量时间，很容易在不知不觉中浪费掉了一些微小的时间。而很多的零星时间集合起来就是一笔巨大的财富，如果我们充分利用它们，可以收获一些意想不到的效果。

有一位老师在空旷的琴房里弹奏《致爱丽丝》，那感觉很美妙，音质之纯美是家中那套音响根本不能演绎出来的。

朋友很羡慕，问她："如果想像你这样熟练地弹奏这首曲子，我需要练习多长时间？"她微笑着回答："10分钟。"朋友说："你开玩笑吧？"她说："不，是真的，不过我说的是每天10分钟，但要这样坚持至少5年。"

几分钟的时间并不长，但如果能每天坚持利用它，并成为一种习惯，这些短短的时间就有可能成就一个人，因为再大的事业和成就所需要的时间，可能都是由这无数个短短的几分钟累加起来的。

对时间计算得越精细，可以利用的时间就会越多，时间的利用效率也就越高了，在工作中如果你能以"分钟"为单位，对那些看起来微不足道的零碎时间也能充分加以利用，你一定能在工作上有所收获。

学会"微视"，以"分钟"来衡量时间，是一种控制和利用时间的高超技艺，我们会发现，一分钟的时间可以做许多事情，可以改变许多事情。那么，从现在开始，给予每个一分钟百分之百的重视：工作时，抓紧每一分钟创造财富；学习时，抓紧每一分钟提高自我；生活中，抓紧每一分钟尽情享受。

时间共享，在同一时间内做多种事情

现在的社会是一个信息社会，现在的发展主题是要实现资源共享。我们在追求资源共享的同时，惊喜地发现其实时间也是一种资源，是可以共享的。时间共享是我们对时间管理的一种方法，它能够让我们提高时间利用率，获得更好的收益。

进行时间管理的一个关键是要会统筹安排，要合理调配现有资源，学会时间共享，在同样的时间里做出更多的事情，实现在最短时间内做得最多。

根据统筹学的原理，许多事件和进程在同步规划上的差异会导致结果完全不同。在此，我们以煎牛排这样一个简单的案例进行分析：

有3块牛排要煎，可是只有2个锅，煎1块牛排的第一面要5分钟，第二面也是5分钟，煎好1块牛排要10分钟，怎样才能把3块牛排在最短的时间内煎好呢？

甲和乙同时开始煎。甲按照顺序，每块牛排分别进行，总共用时30分钟；而乙却只用15分钟便可以完成：第1个5分钟时，用第一个锅煎第1块牛排的第一面，第二个锅煎第2块牛排的第一面；第2个5分钟时，用第一个锅煎第1块牛排的第二面，第二个锅煎第3块牛排的第一面。第3个5分钟时，用第一个锅煎第2块牛排的第二面，第二个锅煎第3块牛排的第二面。这样便节约出15分钟的时间。二者的效率高低显而易见。

时间是公平的，它不会多给任何人一分一秒，但是，对时间的利用却是需要技巧的，有些人用同样的时间做了比别人更多的事，这是因为他们懂得"时间共享"。因此，善于统筹规划，合理安排时间以达到时间共享，显得尤为重要。

想要提高时间的综合利用效率，还有一个好办法，就是做一件事同时达到几个目的，这样可以节约时间，效益也最大。

"我们公司主要经营对法国的贸易，公司新招聘的员工所要接受的第一项培训就是打字。如果他们不会盲打的话，首先就要学会盲打，而且盲打的速度必须达到每分钟法语字母220个以上。这个培训的好处在于，在平时的工作中每个员工经常需要打字，如果学会快速盲打，无形之中公司就可以赢得许多时间，使工作效率提高。盲打不仅在画图时能够应用，在编排中也可以应用。在练习盲打的过程中，新员工不仅学会了盲打，而且记住了一些单词，无形之中又提高了他们的法语水平，这下做到了事半功倍。"一位人力资源部经理十分得意地介绍。

但是，做一件事同时达到几个目的并不等于要求我们做一件事情的同时，还考虑做其他的事情。这种情况不属于对时间的综合利用，而是在浪费时间，会导致我们每件事情都做不好。

想做到做一件事同时达到几个目的，就要对时间进行综合利用、统筹安排、弄清事情的内在联系、采用一些合适的方法把它们联系起来，才能起到"一次行动，双重效益"的效果。这种效果不是我们短时间就能得到的，也不要去刻意追求，因为如果太急功近利，反而会造成相反的效果，如果那样的话还不如踏踏实实地做每一件事。所以，我们需要的是培养"一次行动，双重效益"的意识，当机会真正降临时要采取积极行动利用时间的综合管理来取得双重效益，这样才能取得最好的效果。

养成时间共享的习惯，才会让我们时刻领先他人。

学会管理好起床、洗漱、着装这些小事

美国成功学大师奥里森·马登，在他的著作《一生的资本》中说："世界上最难懂的一个道理就是：最伟大的事物往往是由最细小的事物一点一滴汇集而成的。"不注重细节的人会认为，伟人就是只做轰轰烈烈大事的人。而实际上，那些在小事情上不注意的

人，不屑于注重细微之处的人，是很难成就大事业的。管理时间也是如此，是要从起床、洗漱这些小事情做起，充分利用每一分钟，也就意味着充分利用了整个人生时间。

生活中，我们往往忽视起床、洗漱、着装这些小事，导致在这些小事上浪费了时间。一天天地累积起来，不知道又有多少宝贵的时间就这样被浪费了。

我有一位朋友，他在时间管理上很成功。他给自己制定了严格的睡眠时间，既不少睡一分钟，也不多睡一分钟，等到闹钟响了，就毫不犹豫地爬起来，一点都不磨蹭。然后，他会打开收音机，一边听着新闻，一边着装和洗漱。据他说，做这些小事的时间，完全能满足他一整天对于新闻资讯的需求。这样，其他宝贵的时间，就可以用来做更有意义的事情了。

既然这段时间那么重要，那么我们就来想想如何能够更好地利用这段时间：

1.使用你喜欢的音乐"叫你起床"，可以提高一天的工作效率

早晨能否在愉快中醒过来，对一天的工作状态有着先决性的影响。不过，这个世界有很多"害怕早晨"的人，别说是在愉快的气氛中醒过来，就是闹钟响了几十遍，仍然对枕头恋恋不舍的也大有人在。对这些人来说，早晨的起床就是痛苦的差事。

为了能在愉快的气氛中起床，就要尝试一些好办法。比如，将自己喜爱的音乐拷进播放器并设置定时开关，到了起床时间，音乐会自动播放，自己就能很自然地清醒过来，起床后的心情也非常

愉快。对闹钟的声音十分讨厌的人，即使枕头旁放了好几个闹钟，仍然起不到作用，这时就不妨试试音乐催醒法。如果你是古典音乐迷，就录一首贝多芬的《命运交响曲》。当激昂的乐声响起时，你的睡意立刻会消退。此种方法，也可当成睡眠学习法使用。

2.在早晨的被窝中考虑"今日要做的事"

从醒来、洗漱、吃早饭到走出家门的这一段时间，可以说是一天中最忙乱的时段。除非起得特别早，否则很难从容地度过这一段时间。善于利用时间的管理者一般把早晨的这一段时间，分割成两段使用，即从醒来到掀开被子下床为第一个阶段，洗漱、吃完早饭到走出家门为第二个阶段。

为什么要分成两个阶段呢？无非是想把它们用于不同的目的。第一个阶段，善用时间者醒来后并不是立刻就下床，而是在被窝里考虑当天预定要做的工作程序，等有了头绪再起床。其一天的行动，几乎都是在床上决定的。这种做法有两个好处：①卧室里没有妨碍思考的噪声等干扰，可以让人宁静、沉着地思考，思考的结果准确而有效。②在被窝里躺卧时，因为姿势不受拘束，所以很容易产生灵感。遇到工作受阻而暂时难以解决时，不妨在早晨的被窝里想想，也许会找到解决问题的灵感。

3.在早晨的"杂用时间"里，跟家人联络感情

从起床到走出家门的这一段时间，可称为"杂用时间"。在这段时间里，必须尽快地洗漱吃早餐。对即将面临一天忙碌的人来

说，有时可能连吃早餐的时间也没有。其实，早晨的这段时间不仅要尽快地做完杂事，还得跟平常很少见面的家人联络感情。不过，并不等于要为这件事特别花费时间，只不过是一边穿衣服、洗漱或者吃早餐，一边跟家人说话。如此，就可以把多出来的时间，用在有意义的工作上面。

如果我们每天都能在醒来之初就从管理好起床、洗漱、着装这些事情做起，就能给我们自己营造良好的心理状态和工作氛围。那么在一整天的时间里，我们都能够沿着珍视时间的道路走下去，管理好时间，高效率工作。一旦我们学会了管理好早晨"杂用时间"的技巧，日久天长，我们就会形成一种良好习惯，这种习惯可以改变我们的人生和命运。

早餐时间可以用来了解新闻

对于现代社会的人来说，了解每一天国内外的重大新闻是十分重要的。通过新闻我们可以获知国内外的重大政治、经济的决策以及动向，这些对身处职场的人来说是极其重要的。那么我们应该用什么样的时间来阅读这些新闻呢？

凡在事业上有所成就的人，都有一个成功的诀窍：充分利用空闲时间。爱因斯坦曾组织过享有盛名的"奥林比亚科学院"，在那里，每天早餐的时候，与会者总是手捧咖啡杯，边吃早餐，边看报纸，边议论。在奥林比亚科学院诞生的科学创见，有不少就产生于早餐饮茶之余。

充分利用早餐时间去阅读新闻，可以让自己在短时间内掌握有价值的信息，拓宽视野为我们自己所用。从这样一个小小的角度，我们可以看出一个人对于时间管理的能力。只有懂得利用闲暇时间的人，才能更好地对时间进行管理，才能拥有更多的可用时间。

著名的"蝴蝶效应"讲，亚马孙丛林的一只蝴蝶扇一下翅膀，就可能导致佛罗里达的一场飓风。在我们的现实生活中或许没有这种直接的体现，但是，每天发生的新闻对我们的影响则是不容置疑的。边吃早餐，边看早报或听广播、看电视，了解新闻，能使物质、精神食粮双丰收。因此，懂得利用零碎时间来获得更多新闻的人，就可以寻求到更多的可供自己支配的纯时间，提高时间的利用率和有效性，使自己的时间管理更为科学与合理。

路上和等待的时间，用好了会很有收获

每天我们都要上班下班，因此我们在路上以及等待的过程中，通常是有很多空闲时间的，这些时间我们应该充分利用起来。那么，这些时间该怎么来利用呢？

在这个时候看书或者看报都是不太好的，因为在车运动的情况下，看书或者看报对眼睛是有害的，在嘈杂拥挤的公交车或者地铁上更是如此。如果是思考问题，由于环境过于嘈杂，也是比较难以进行思路的建立的。于是，我们可以用这个时间来提高外语水平。

外语对于身处现代职场的我们来说,是绝对不应该忽视的。全球化的趋势使得我们必须具有运用全球化工具的能力,而外语就是一个不可缺少的重要工具。对我们来说,拥有更高的外语能力,就意味着我们能有更好的发展机会,使我们能够接触到更为广阔的发展空间。

外语水平是我们应该一直努力提高的,对于从事对外贸易与对外交流行业的职场人士来说更是如此,因此在上下班及其他出行情况下,路上的时间是应该好好利用起来的。利用在路上的时间,戴上耳机听外语,不仅能够屏蔽外界的纷扰嘈杂,还能提高自己的外语能力,如此便是一举两得的事情。

生活中免不了要经历各种排队和等待,仔细一算,消耗在排队的时间绝对是一个不小的数字。因此在排队等待的时候,我们就应该尽量把时间利用起来,做一些对自己有用和有利的事情。

在排队的时候,我们可以安排这些事情:整理一下思路,让自己清楚接下来要干什么;在便笺上记下已经完成的事情或下一步计划要做的事情,做好备忘;记忆一些零碎需要记忆的东西;实在没有事情可做,我们也不妨联系一下较长时间没有联系的朋友。总之,这些时间是我们可以利用起来的,而且,一旦我们把这些时间利用上了,我们也不会觉得排队等待无聊而漫长。

上帝给每个人的时间都一样,但是每个人使用的效果却大不相同。我们要做的就是把零碎的和看似无用的时间挖掘出来,在路途中和排队时对等待时间的利用,就是很好的例子。

约会空当可以用来处理杂务、理清思路

一个人身处各种社会关系中，难免会有很多约会。约会往往会带来一些空当时间，例如，在约会过程中我们可能会有一些等待时间。如果一个人善于管理约会空当时间，那么他能为自己节省下很多的时间。在现代社会高速变迁和快速的生活节奏下，怎么强调时间的宝贵也不会过分的，因此，如果想成为精英，我们就要把这个时间利用起来。

据说有一个关于爱因斯坦的小故事：有一天，爱因斯坦的朋友穆勒从柏林来拜访他。在路上穆勒看到一个人在前面的桥上慢慢踱步，时而低头沉思，时而拿出笔记本记录。穆勒走近了才发现这个人就是爱因斯坦。原来爱因斯坦正在等一个学生，他就用这段等待的时间来思考问题，在这段时间里爱因斯坦已经想出了解决的办法。

这个故事告诉我们的道理就是，不要小看这些零碎的约会空当。我们可以将这些时间利用起来，处理一些杂务，或者理清自己的思路。而且，静下心来做一些事情或者想一些东西，这个空当也就不那么难熬了。在约会的等待过程中，如果我们每次都能利用起这5~10分钟的时间，这些时间累加起来也是很可观的。我们无法将每天的时间延长，但是我们可以把零碎的时间利用起来。

睡前时间利用起来足以改变命运

睡眠是每个人无法避免的活动，能否利用好睡前时间其实对我们很重要，它甚至可以改变我们的命运。

这绝不是夸张的说法，你不相信这话可能是因为你一直都忽视了睡前那段宝贵的时间。睡前时间是连接每个人第二天的工作和当天的休息的桥梁，它最基础的功能就是决定我们睡眠的质量。相信每个人都有过失眠的痛苦经历，第二天一整天人都昏昏欲睡没有工作效率。对于失眠，也许我们会从身体上找毛病，但一种很大的可能是我们没有利用好睡前时间，选择了不适当的活动。

回想一下我们在失眠那天的睡前时间里都干了些什么。我们是否做过一些剧烈运动，让自己神经兴奋起来无法平静，或者我们是否观看过悲情电视剧或者悲情小说，让自己深陷于低迷情绪中无法自拔，或者我们是否喝了咖啡、茶等一些让人清醒的饮品呢？

这都是导致我们失眠的原因。我们若是这样利用睡前时间，失眠就不奇怪了，长此以往，我们的健康就会出问题，那样想取得事业上的成功就缺少了根本的身体基础。

澳大利亚著名的医学教育家奥斯特整日忙于各种社会事务，很难有自己的学习、提升时间。他想出了一个办法，规定自己必须在睡前抽出15分钟时间进行阅读。他仔细地计算了一下，按照通常的阅读速度，1分钟可以读300字，15分钟可以读4500字，一周就可以读3.15万字，一个月读完12.6万字没问题，一年下来，就可以阅读151.2万字。如果一本书平均7.5万字，1年就可以读20本书。如果一个人能这样坚持下来，在50年时间里就可以阅读约1000本书。

奥斯特充分利用睡前时间阅读了大量的书籍，这不仅帮助他在医学上有所建树，而且他还进行了文学研究。这是多么惊人的一种时间利用方法啊！

睡觉前，人一般比较安静，没有太多的干扰因素，因而注意力集中，用来阅读或做其他有意义的事情，效率非常之高。总之，抓住睡前时间，真的可以改变自己的人生。

即便在睡眠中也可以"思考"问题

苯的分子结构是德国化学家开普勒发现的，他发现的过程是非常有意思的。100年前，开普勒苦苦探索苯的分子结构而一直无果。突然有一天，开普勒在梦里看到这样的情景：许多原子排成长蛇阵，长蛇又忽然首尾相连，构成了环形。开普勒醒来后回忆起这个梦，他顿时领悟出苯的分子结构式是环形的，从而解决了这一科学难题。

奥地利心理学家弗洛伊德在睡梦中得到了神经搏动的化学媒介作用的新设想。

俄国化学家门捷列夫发明的元素周期表轰动了世界，这个发现也是出自梦境。

梦，给一些人带来了成功，这算不算运气呢？应该说，既算也不算。梦的原理，虽然仍有不少未知值得人类去研究，但有一点可以肯定：梦实际上是我们白天思考的继续，有它的科学性。所以，从梦中得到的"运气"，不过是白天苦思付出而换来的结果。

难道不是吗？门捷列夫虽然是在梦中萌发了元素周期律，但在做梦之前，他已对这道难题冥思苦想了近20年。开普勒为解决那道难题，已经足足潜心研究了10年。没有那苦苦求索的时间，怎么会有这个"意外的幸运"呢？

睡梦中的灵感的确是有科学根据的，这是因为人在睡眠中也是可以"思考"问题的。睡眠的时候，有一部分睡前被刺激到的神经仍在工作，这些神经继续处理着我们所输入的信息，帮助信息的消化，有时候甚至能帮我们找出答案来。

日内瓦大学对数学家做过一个调查，在69个数学家中，51个认为睡眠中能够解决问题。剑桥大学对各学科有创造性的学者的工作习惯进行过调查，有70%的科学家承认自己从一些梦中得到启示，从而创造性地解决学科问题。

如果我们也能像专家学者那样在睡前全神贯注地思考，就能有效地挖掘思维的潜在能力，让大脑在我们睡眠的时候，帮助我们处理一些信息，这样的话我们又挖掘到了一段宝贵的时间。天长日久，你也会收获意想不到的"好运气"的。

用健康、有益的方式度过业余时间

人的差异在于业余时间。这是爱因斯坦的一句名言，也是他一直践行导向成功的经验之谈。业余时间作为一种特殊时间，是个人在完成工作和生活后剩余的自我支配的时间，它的意义在于，人可以根据自己的需要，安排一些有意义的活动。业余时间是有着高度自我的时间，个人能主动地选择、安排自己的生活，此时人的差异就体现出来了。

业余时间究竟用来做什么，才有利于个人的发展呢？爱因斯坦喜欢划船，钟情提琴；巴甫洛夫常读小说，喜爱集邮。从这些事例可以看出，对业余时间的使用应当是因人而异的，它们的共同点都是创造精彩人生，而底线是不要因为游乐而荒废主业。

也有一些反面的事例，有些人或堕入多角恋情中，或沉溺于纸牌的诱惑，或忙碌于各种通宵的狂欢，这些不但降低了他们的时间效率，而且损坏了他们的身心健康和家庭和睦。

不善于健康、有益地利用业余时间，还有可能导致更严重的问题。有人到监狱进行调查，让130名青年犯人回答业余时间的若干问题。结果89%的人说他们犯案都是在业余时间进行的；63.9%的人说他们入狱前的业余生活是庸俗无聊的，业余时间他们总想寻求刺激，折腾闹事。

对于追求成功的人来说，每分钟的业余时间都是有价值的，他们成功的诀窍都是变"闲暇"为"不闲"。不甘悠闲，不求闲情，已被文学巨匠和科学家视为生活的准则。每一个渴望成功的人，去健康、有益地利用闲暇时间，做一个不闲的人吧！

学会最大限度地利用每一分钟的空闲

"我很忙，我太忙了"，这是现代人的一句口头禅。对现代人来说，时间无论如何都是不够用的。快节奏的现代人，真正有多少时间是充分利用了的，而又有多少时间是被盲目地浪费掉了的，这很难衡量。

哈佛大学公布过一个权威调查结果：现代人平均活72岁，这72年时间可细分为睡觉20年，吃饭6年，生病3年，工作14年，阅读3年，文体娱乐活动8年，闲聊4年，打电话1年，等人3年，旅行5年，打扮5年。

真正意义上的不空闲时间，仅仅是工作的14年和阅读的3年，总共17年，占所有时间不到1/4，加上睡眠的20年，也只是所有时间的1/2。这是一个可怕的事实，又是一个多么欣慰的事实。可怕的是那么多珍贵的时间都是空闲没有被利用上；而欣慰的是，这些我们忽视的空闲时间，为我们提供了日后提高时间利用效率的巨大空间。

仔细地想一想。吃饭的6年中，假如能最大限度地利用好每一分钟，稍稍提高吃饭的速度（当然要保持在健康要求的范围内），从中会省下多少时间？等人的3年中，思考一下接下来的工作安排，提前打好文件的腹稿，从中能多做多少事情？闲聊的4年时间，如果好好利用了，会获得多少意外的收获？打电话的1年，其中有些可以省下来做别的更有意义的事情，这又会让我们比别人多出多少有效工作时间？

每个人出生的时候都是普通而平凡的，最终决定他到底是平庸还是优秀的因素，就要看他怎样利用好时间——是让空闲时间无意义地流逝，还是最大限度地利用每一分钟的时间。学会最大限度地利用每一分钟的空闲，你就能创造出让自己都惊叹的成绩。

不同人士
时间管理重点不同

第三部分

Chapter Seven

第七章

职场人士，
用对时间做对事

每个人都知道攒钱的重要，但只有很少一部分人知道攒时间同样重要，很多商业精英的攒钱是从攒时间开始的，他们对自己的时间可谓是精打细算。以盛产商业精英闻名全球的哈佛人把时间看得很重要，他们在工作中往往以秒计算时间而且分秒必争。一旦规定了工作时间，哈佛人就严格遵守。强烈的时间观念提高了哈佛人的工作效率，他们将时间与商品等同起来，认为盗窃时间就像偷取别人的金钱那样可耻。而且，哈佛人不仅珍惜时间，还会将重要的事情和紧急的事情都处理得很好。

拥有良好精力，从计划开始

行动就是生存，快速行动才能全面生存，而旺盛的精力就是你快速行动的基础。就像杰克·韦尔奇常说的那样："如果你速度不是很快，而且不能适应变化，你将很脆弱。这对世界上每一个国家的每一个工商企业的每一个部门的每一个员工都是真理。"

一个人要保持良好的精力，必须从计划开始。商业精英们并不能保证做对每一件事情，但是他永远有办法去做对最重要的事情。计划就是一个排列优先顺序的办法，而计划表是商业精英们的必备手册。与之相反，许多人做事都没有计划，要知道没有计划本身就是一种失败的计划——你正在计划着自己的失败。没有人愿意失败，但却在不自觉地把自己推向失败之路。

千万富翁都善于规划自己的人生，他们知道自己要实现哪些目标，并且拟订一个详细计划——把所有要做的事都列下来，并排列出优先顺序，再依照优先顺序来做。当然，有时候没办法100%按照计划进行。但是，有了计划便给一个人提供了做事的优先顺序，让他可以在固定的时间内，完成需要做的事情。

吉姆·罗恩这样说过："不要轻易开始一天的活动，除非你在头脑里已经将它们一一落实。"凡事要有计划，有了计划再行动，成功的几率会大幅度提升。千万富翁看重每一天的计划，因为做好一天的计划，就能发挥自己的最佳能力。计划是为了提供一个按部就班的行动指南，从确立可行的目标、拟订计划并付诸行动，最后确认达成目标之后所能得到的回报。

富翁在未完成第一件事之前，绝不去考虑做第二件事，这就像盖房子一样。如果有人问你："你准备什么时候动工开始盖房子？"当你在头脑中已经勾勒出整个工程的时候，你就可以立即破土动工了。如果你还没有完成对它的规划和计划就草率行事，这会是非常愚蠢的举动。假设你刚刚开始做地基，有人问你："你打算盖个什么样的房子呢？"你回答说："我还没想好。我先把基础做出来，后面再考虑盖个什么样的房子。"对方一定会把你看成傻瓜。

伯利恒钢铁公司总裁舒瓦普拜访了著名的效率专家艾维·利，希望能提高自己公司的管理效率。艾维·利说在10分钟内给舒瓦普一件宝贝，这宝贝能让伯利恒钢铁公司的效率提高至少50%。艾维·利递给舒瓦普一张空白纸，说："在这张纸上写下你明天要做的6件最重要的事，再用数字标明每件事对你和你的公司的重要性次序。"舒瓦普花了大约5分钟写完了要求的内容，艾维·利接着说："现在把这张纸放进口袋。明天早上第一件事是把纸条拿出来，做顺序表中的第一项。不要做其他的，只做第一项。着手办第一件事，直到完成为止。然后用同样方法对待第二项、第三项……直到你下班为止。如果在明天的工作时间内你只做完第一件事，也不要沮丧，因为你已经是按照计划在做事了。"

生命图案就是由每一天拼凑而成的，千万富翁们往往从这样一个角度来看待每一天的生活，在它来临之际，或是在前一天晚上，把自己如何度过这一天的计划在头脑中浏览一遍，然后再迎接这一天的到来。有了每一天的计划就能将一个人的注意力集中在"现在"。只要将注意力集中在"现在"，那么未来的大目标就会更加清晰，因为未来是被"现在"创造出来的。

把每天的时间都安排计划好，这对你的成功是很重要的，这样你可以每时每刻集中精力处理要做的事。

把一周、一个月、一年的时间安排好，也是同样重要的。这样做便给你提供一个整体方向，使你看到自己的宏图，有助于你达到目的。每个月的月初，你可以仔细翻阅日历和本月主要计划表，把本月的计划任务填入日历中的每一天，再定出一个计划进度表。

一个人只要做出一天的计划、一个月的计划……并坚持按计划行事，那么在时间利用上，他已经占据了巨大的优势。千万富翁们认为，如果今天没有为明天做任何计划，那么明天将无法获取任何成果！而如果你失去了精力，你将没办法把重要的任务做到尽善尽美。

保持紧迫状态，时刻绷紧神经

20世纪70年代，英国广播公司驻香港记者罗伦斯，发布过不少被世界各大报纸转发的重大新闻。他在谈到自己的粗心大意时，有一段有趣的记述：

一天，我在海滨的家接到伦敦总部打来的电话："'伊丽莎白皇后'号有什么新的进展？"

我回答："啊，世界上最大的邮船，1930年在克莱德河上建成……"

"不，不是！"他们大声喊叫，"我们问的是现在！"

"噢，它不就停在香港岸边吗？有人计划把它改成海上大学。"

"但是，那玩意儿现在正在燃烧呢！"他们急切地说。

我快步走到窗前，拉开窗帘。在我面前的港口，那艘雄伟的邮船从头到尾都在熊熊燃烧，烟雾很大。

"我的天，你们说对了！"我向他们大声喊叫，"那条船失火了！"

即使是最优秀的记者，因为粗心大意，也错过了抢独家新闻的大好机会。这就是为什么你需要时刻保持紧迫状态的原因，因为你不知道什么时候机会会降临，也不知道什么时候危机会来临。

自然界中，狼是一种时刻都保持危机感的动物。能生存八九年的老狼，都经历了太多的关系生存和死亡的战斗，敌人在它们身上留下了太多的伤痕，而这些伤痕也见证了它们顽强的生命力。因自然衰老而死亡的狼，在狼群中所占的比例极其微小，据说只有1%~1.5%。从这个数字中，我们可以想象得到狼群的生存环境是多么恶劣。所以狼必须时刻保持着高度的警惕性，因为危险时时刻刻都围绕在它们身边。

无论是在草原、森林还是雪原，狼要获得食物都得付出艰苦的努力，甚至要付出生命的代价。狼如果没有高度的危机意识，就很容易成为敌人的食物或者死在猎人的枪下。虽然食物的诱惑常常会让它们不可抗拒，但它们仍会保持足够的警惕性。在离牧民居住地较近的地方，狼都会格外小心，用嘴叼一些物体扔到牲畜尸体周围，看看有没有陷阱。探明了没有危险之后，它们才会放心地走过去，但也不是立刻就去撕咬食物，而是用它们灵敏的鼻子去闻尸体。如果有异常气味，狼就不会去吃，因为可能是牧民们在牲畜的尸体上撒了毒药。

在狼的眼中，处处充满了危机，只要稍微放松，任何疏忽大意都可能葬送自己。身在职场的你也是如此，危机四伏的职业竞争中，如果你缺乏紧迫感，职业生命也会日渐萎靡，直至终结。

人要有紧迫感和危机意识，随时意识到来自他人的竞争压力和环境的危机，这才能不断进取去适应更高的要求。安逸是滋养堕落的温床，我们必须意识到危机的存在，时时刻刻保持紧张感。想想看，公司的同事随时可能超越自己，因而自己需要想办法保持自身的竞争力。外部环境也在不断变化，生存压力越来越大，我们怎能不绷紧神经呢？

不论是外部的环境危机还是内部的竞争压力，都能让人保持清醒的头脑。一个温暖的被窝可以让你失去斗志，一盆冷水能让你看清形势的严峻和紧迫。

有危机感的企业是不会被超越的，因为它们会有积极创新、开拓市场的力量。同样，有危机感的个人是会不断进步的，他们明白不进步就要被人超过。因此，从个人生存的角度而言，就要求我们必须保持高度的危机意识，以随时应对突然发生的变化。

通常，危机展露的时候我们都会小心谨慎，可是在处理那些"不可能出错"的问题时，我们往往会疏忽大意。这世界上根本没有什么"根本不可能出错的事情"，当你一旦松懈的时候，失误就会找上门来。所以，时刻绷紧神经是非常必要的。

未来当然是难以预测的，但可以肯定的是你不可能天天都走好运，正因为这样，我们才要有危机意识，在心理上及行动上有所准备，应付突然发生的变化。如果没有准备，不要谈应变，光是心理受到的冲击就会让你手足无措。有紧迫意识或许不能把问题消灭，但可以把伤害降低，为你争得更多的处理时间和生存空间。

统观全局，盯"面"而非"点"

在《纽约时报》上刊登过这样一个故事：

有一家公司准备开设新店，正在招聘新员工。老板对应聘的新员工的要求有一点：新员工能在处理问题的时候做到统观全局。

负责招聘的人力资源部经理怀特是一位优秀的人力资源管理者，通过多年的经验积累，他总结出一套独特的考察员工的方法。怀特对每一位应聘者都会提出一个问题，就是指着自己办公室墙上的留言板问他们："你在这里看到的是什么？"而那块留言板上并没有留言，只是在中间吸附着一颗很醒目的红色磁石钉。绝大部分应聘者都是在思考一段时间后回答说看到了一颗红色的磁石钉，并补充说这个是用来吸附留言条的，以及关于磁石钉的位置和与之相关的种种话题。

最后，做出这样回答的应聘者基本上都没有被录用。

这是为什么呢？怀特后来透露，做出这样回答的人一般都不太注重全局，因为他们看不到远比磁石钉大得多的留言板。相对于留言板来讲，磁石钉仅仅只是一个局部，一个不论面积还是重要性都无法和留言板相比较的局部，而留言板才是全局。这些人不太注重全局，不符合老板制定的应聘要求，所以他们落选了。

你觉得这个故事有没有道理呢？这家公司的老总为什么会如此重视员工的全局观念呢？那是因为具有全局观念是一个人能做出成绩的必备素质之一。只有在做事之前统观全局，才能对局势有清晰的了解，才能对事务进行统筹安排，才可以对时间进行合理划分。所以说，统观全局是对时间进行合理管理的前提。要做到统观全局，我们就需要盯住"面"看，而不是只盯住"点"。

拥有全局观念是一个人走向成功的重要前提。时间管理要求人们从整体上把握一生的时间。只有从整体上把握时间，充分利用时间，我们才能科学合理地安排自己的工作、生活及职业生涯，才能抓住时机创造成就，使自己走向成功。

成功之路艰难而又漫长，我们只有具备全局观，学会合理安排时间，才能保证有充沛的体力和精力去挑战、去攀登。做事之前先统观全局，有助于我们从整体上把握时间，牢牢抓住每天及每个时期的最佳时间和机会，我们才能够把最重要的任务安排在最有效的时间去做，这样就能取得最佳的时间利用效益，我们的时间管理才算成功。

全是重点等于没有重点

你是否有这样的经历？觉得手头的工作杂乱无比，没有头绪。这种情况下最好的对策就是分清事情的轻重缓急，区分主次分别对待、处理。人与人之间的成就差异不在于智商的高低，而在于是否具有洞悉事情轻重缓急的能力。

按照"二八法则"，一个人工作中80%的成果来自于他付出总时间的20%。"二八法则"其实就是抓重点法则。"二八法则"要我们发现并优先处理真正重要的少数事物，而忽略那些不重要的。

霍华德进入一家外贸公司做业务员有5年了，他的聪明和才智为他赢得了出色的业绩，不久就被提拔为业务经理。当上业务经理后，他的事务更多了。他面临的突出问题是，他发现团队的管理工作十分占用时间和精力，这明显影响了他的业务工作。由于每一个客户的联系他都亲力亲为，管理起团队来就更困难了，他管理的部门出现了他一人成天忙碌，他的下属无事可做，只会应付工作的情况。上司发现了这个问题，于是找霍华德谈话，提出他的问题在于当上业务经理后工作不分重点，将所有的任务都揽在了自己身上，导致自身的劳累和团队的运作不畅。

千万富翁们绝不把时间、精力花在小事情上，因为小事使他们偏离主要目标和重要事项。而普通人很容易有"手头上的事先解决"的心理,这使得他们的很多时间花费在小事情上。

企业的高级管理者可能会将自己的一些管理时间花在一些无谓的小问题上,这样做无助于提高他的工作效率。如果将一份详细记录他工作日程的材料递交给他看,他会意识到许多工作本可由下属去做,或者根本不需要做,而他自己所做的工作并不与他的薪金相称。这是一个管理问题:管理者如果认为管理事务中面对的全是重点,就等于没有重点。这是一种十分错误的倾向。

不要试图把每一件事情都当重大项目来完成,人的精力是有限的,全是重点就等于没有重点。在处理问题时,多想些重要的事,集中精力于大事上,而不要被一些表象的、肤浅的事情分散精力。对于树立了重要目标并为之努力的人来说,将更多的精力投入到"应该做的事",无疑是一条事半功倍的途径。

工作的时候,我们需要把工作内容分为重点项目和非重点项目。重点是醒目的地方,是值得你花大力气考虑和投入时间的地方,但是如果每个地方都被你打上重点的标记,那就是没有重点了,那你的时间管理将是失败的。著名时间管理大师赛托斯说:"重点是你的重心需要偏移的地方,重点是你需要着重强调的地方,你的工作日程不应该是一成不变的基调,它应该如同一首跌宕起伏的旋律,有高潮的紧迫感,也有平淡中的闲适感。"

仅仅懂得重点的意义是不够的,我们还需要真正将工作中划分的重点落到实处。高明的职场人士应当像一名优秀的钢琴师一样,在按曲谱弹琴时,该重的地方要重,该轻的地方则轻,这样才能演奏出和谐流畅的乐曲。工作中抓重点也应这样，首先要对曲谱全面掌握，知道哪些地方该重，哪些地方该轻；其次，即使你对重点了如指掌，但如果不认真落实，一切就等于白搭。

"紧急"和"重要"哪个优先

在如今这个"快鱼吃慢鱼"的时代，很多人会自然地重视事情的紧急程度，即是先关注前面所说的第一象限，即"重要且紧急"的事情。可是这会使人长期处于高压的工作状态下，经常忙于收拾残局和处理危机，会不由自主地把自己当成"救火队长"，转而去做那些"紧急不重要"的事情了。这很容易使人的体力、精力衰退，长此以往，既不利于个人健康，也不利于工作。所以，我们应避免长期陷入"紧急"状态，因为这不是管理时间的好办法。另一方面，如果经常处在"紧急"状态，我们就没有时间去做那些"重要而不紧急"的事，而这些事往往有着更重要的意义，这就导致我们陷入"不分轻重主次"的困境。

时间管理理论中的一个重要观念是：把主要的精力和时间用于处理那些"重要但不紧急"的工作上，这样可以做到未雨绸缪，同时可以让我们避免掉进"嗜急成瘾"的陷阱中。

无数的事实都充分揭示，成功者将最多的时间用在最重要的事上，而不是最紧急的事上，然而普通人都是优先选择做紧急但不重要的事。因此，我们必须学会把重要的事情转变成"紧急"，这样才能使自己在工作过程中既有效率又有高效益。

哈佛时间管理大师艾·维利曾给出了紧急事件和重要事件撞车时的处理办法：这个时候，你需要留出一定的时间，思考紧急事件和重要事件哪个优先。以下这些建议可以帮你确定事情优先顺序的问题。你需要把你的回答记录下来，不用写得很详细，每个只用一两句话就行。

①我需要做什么事情

②做什么事情能给我带来最高回报

③做什么事情能给我最大的满足感

当紧急事件和重要事件在时间上冲突时，你应该能从这三个问题中获得答案，而且，你作出的选择也是发自内心的，相信你也不会因此后悔。时间管理专家艾·维利指出，先做什么事情并不是一定的，这取决于事件的紧急程度和重要事件在自己心目中的分量。比如，如果A事情你不做，你就将失去工作，而B事情只是你升职之前必须完成的任务，那么很明显，你必须先做A事情保住饭碗，才能有日后升职的机会。

并非所有的紧急事件都需要你亲自去办。这方面哈佛人有过人的智慧，他们懂得选择该做的事情时应扬长避短，而且知道什么事情是值得自己亲自去做的。当你实在无法分身，或者有更适合处理紧急事务的人，你就应坚决地把任务委托给他人。这个任务的确很紧急，但是如果你逼迫自己将重要的工作放一放，转而去处理这项紧急任务，那么你付出的代价将是很大的。但如果你把紧急工作委托给一个更适合做、更乐意做的人，你和他就都成了赢家。

利用时间来赚取财富,首先要让时间效率化,而紧急事件和重要事件都需要投入大量的时间和精力。事实证明:先做紧急的事情还是重要的事情并不是那么绝对,而真正成功的人只会记住,重要的事情是需要付出更多的时间和能量的。

动用"脑图",有条理地工作

每一天我们都在忙,每一天我们都在挤时间,如果你无法将所列出的全部工作按重要程度排序,而只是盲目地去做,就很难顺利地全部完成。这个时候,你要学会动用自己的"脑图",将所有的工作,按分类的结果,重新安排先后次序。

正因为每天要做的事情太多,而时间却是有限的,所以你要舍得投入时间去制订你的任务排序表,因为一个排序表能让你在有限的时间内完成最多的事情。所以,不妨利用前一晚的睡前,或是每天的早上,将当天或明天所有要做的事情列成一张表,然后依据轻重缓急的程度排一下序。

依据这个"清单",你可以清楚地了解该给自己安排什么,或者你要求的是取得什么样的成效等。作为办公室白领,你每天的工作除了在电脑前办公或处理日常事务外,还会有参加业务会议、与同事沟通、市场调查等诸多工作,这些不同性质的工作都应毫不保留地完全列在"清单"之中。

几乎每个人都有一天之中忙个不停的经历,而且这种情形是经常发生的。在这样的情况发生的时候，选择出第一件该处理的事情的能力就显得十分重要。这时，我们就需要运用"脑图"，从各种不同性质的工作中，拟订优先顺序，再付出努力去实行。如果能经常把第一优先处理的工作视为当务之急，那么我们便不会为工作毫无效率或停滞不前而感到困顿了，也不会再消耗宝贵的时间和精力。

你要记住一点，手边的事情并不一定就具有首要处理的重要性。那么如何区分摆在眼前的各项任务的重要程度呢？动用自己的"脑图"，把你做的事情划分为五种类别，依次为：A.重要且紧急、B.重要但不紧急、C.紧急但不重要、D.繁忙、E.浪费时间，你就会知道自己应该做什么了。

想从杂乱的目标中找出重点，你可以借助"脑图"来完成，由于脑图的方便与灵活让我们很容易找出工作的重点，逐项去做。如果全放在脑里，常会担心这件事或那件事没做，反而不能专心，所以还是用"脑图"比较好。

如果列出了多项工作，而你只能完成一项时，又应该先从哪一项着手呢？这时，要根据事情的重要性排列优先顺序，先做A类最重要的事，持续到完成它为止，如此逐一过滤列表上的工作项目。最后，你便完成了一份依重要性排列的工作清单了。

经常敦促自己，没有任何借口

如果你不够机警，你就应该学会喜欢、尊敬和欣赏别人。如果你缺乏教育经历，那就不该找"我没有机会上大学"的借口，因为你可以去夜校上课，如果你付不起夜校的学费，就赶快到离你最近的一家公共图书馆去自学……总之，你还觉得自己有借口拒绝进步吗？

在这个高速发展的时代，人与人之间在事业上的差异越加明显，但更可悲的是，不成功的人似乎为此心安理得。不能赶上时代的发展而落后于时代的人，并不是一个值得同情的角色。这种人通常是太懒惰，或是不肯用心地利用身边的机会来改进自己。

当你开始找借口时，你是有不纯粹的动机的，要么是为了逃避做一些事情，要么是为了避免承担某些责任。其实每一次遭遇难题，都是提升自身能力的好机会，承担责任是为了让你以后能胜任更重要的工作。总是为自己寻找借口，则是既没有危机感也没有紧迫感的表现。

一个棒球少年在训练基地进行训练，在漏接了三个高飞球之后，男孩甩掉手套走进球员休息区，他说："在这烂球场里是没有人能接得住球的。"难道是球场的过错吗？出现问题时，首先考虑的不是自身的原因，而是把责任归于外界或者他人，这是推诿责任最典型的表现。

如果你没有做好你自己的工作，或者没有完成任务，你不应该找借口，而是应该勇敢地承担起责任。找借口掩饰自己的错误不是聪明的做法，想办法解决问题才是你应该做的。

西点军校培训学员的一项重点内容是，强化每一位学员，让他们想尽办法完成任何一项任务。西点军校200年来奉行的最重要的行为准则就是——没有任何借口，这也是西点军校传授给每一位新生的第一个理念。

总是给自己找理由开脱或者说"我不是故意的"，只会让你越来越不负责任，越来越不受欢迎，离成功也只能是越来越远。

对我们来说，敦促自己竭尽全力地工作并没有想象中那么难。你不需要赴汤蹈火，很多时候，只要你时刻保持紧迫感，坚持不懈地努力，成功并不遥远。但如果你自己不肯催促自己不断进取，那么没有人可以帮你。

学会专注，一次做好一件事

从前，有一只馋狗经常去寺院寻找食物。当地有两座寺院，一座在河的东岸，另一座在河的西岸。馋狗听到东岸寺院僧人开饭的钟声，便去东岸寺院讨食；听到西岸寺院僧人开饭的钟声，又去西岸寺院讨食。

后来，两座寺院同时鸣钟开饭，馋狗渡河去讨食，当向西岸游去时，唯恐东岸寺院的饮食比西岸寺院的好；向东岸游去时，又怕西岸寺院的饮食比东岸寺院的好。它一会儿向西游，一会儿又向东游，最后弄得自己精疲力尽，活活地淹死在河水中。

这个也想要，那个也想争取，让自己疲于奔命，累死途中，多可悲的一只狗啊！

然而，生活中很多人又何尝不是如此呢？他们只知拼命努力，想把一切都抓牢，结果却一个也没有把握好，还搞得自己身心疲惫，毫无结果。

目标太多会让你花了眼，到头来一事无成。其实，只有专注地投入其中一件事并做好，才可能实现工作和生活的简单高效。

世界上，最紧张的地方可能要数只有10平方米的纽约中央车站问讯处。每一天，那里都是人潮汹涌，不计其数的旅客都争着询问问题，希望能够立即得到答案。在一般人看来，问讯处工作人员的工作压力应该是十分巨大的，可问讯处的那位身材瘦小、看似文弱的工作人员看起来却是那么轻松自如和镇定，他不但没有慌乱，而且服务十分到位，让每一个问询者都能满意。

当有人请教那位工作生保持冷静的秘诀时，他回答道："在一天之中，我每次都只和一位问询者打交道，我没有面向公众或围在我身边的一圈人，而只是简单地忙完这个忙下一个，所以我才能够保持绝对冷静。"

"一天中，一次只面对一位问询者"，这句话使我们联想到"一次只做一件事"。这同样可以使我们静下心来，专心致志地把那件事情做好。

只有在某一个时间段内做到专注于一件事情，我们才是冷静、集中的，才是精力上专一、能量上统一的，也是最容易出成就的。将自己的精力集中到一点，不仅可以帮助我们大大提高工作效率，而且还能让我们在工作中体会到更多乐趣。

一个人的精力是有限的，只有当我们专注于做对我们最重要的事，我们才能更有效地使用精力。彻底完成一件事后，再开始做下一件事，这样才能提高效率。不是随便什么事情都要我们投入相同的精力，分不清重点，一时东一时西，摸不清楚方向只会使我们自己陷入混乱，并且降低效率。

一个人围着一件事转，最后全世界可能都会围着他转；一个人围着全世界转，最后全世界可能都会抛弃他。这"一件事"的选择是至关重要的。当我们选择好属于自己的"一件事"时，就应该全身心地投入到这件事上。

有些事情可以并行完成

当料理全部做完的同时，从砧板到厨房的清洁也全部整理完毕，这是专业厨师和料理人的技巧。他们能够同时并行地处理一些事情。

有效地活用时间，可以使事情并行完成，虽然这样会使自己显得忙一些，但其实这些"多做"的事情也是我们之后要做的，所以反而会使我们节省很多时间，使时间更加充裕。

同时处理两件甚至多件事情的典型例子，就是做饭。善于节省时间的厨师通常是一边用烤箱烤比萨，一边用锅熬罗宋汤，同时还要做牛排、摆盘的工作，这些事情都能同时进行。

就像前面所说的，那些职业厨师在做完全部料理的时候，也已经把清理的工作做完了。而我们普通人走进厨房做饭会是什么样的情形呢？往往是做完饭之后厨房就一团糟了，还要再花时间去清理。这就是专业和非专业的区别了，也是高效和低效的区别。

所以，我们要做到高效地利用时间，就要学会把事情并行起来做。为了更快地达到这个目的，我们就可以想办法把这些事情并行起来做，只要时间方法和逻辑上行得通，我们就能在更少的时间里做更多的事情。

当然，这并不是说所有的事都能够并行起来处理的。比如说我们要做牛排，那么我们在煎牛排前得把牛排切好，这就有先后次序而不可以并行了。分清事物的内在联系，我们才能知道什么样的事可以并行起来处理，而什么样的事却不能。

总之，我们要对将做的事有一个清晰的了解，这样才能对它们做一个统筹的安排，如果可以并行处理的就应当那样做，这样才是对时间的合理利用，从而能提高我们的效率。

要想更好地驾驭时间，我们必须让自己成为时间的设计师。学会活用我们的时间，有些事情并不需要按部就班地来做。科学地运筹时间有助于提高时间的利用率，有利于体力的恢复和精神的放松，可以让我们在处理事务时取得最佳效果。

善用"每日备忘录"

"好像还有件重要的事没做，是什么呢？"

"汇报完近期工作后接着要做什么呢？肯定是有事，怎么想不起来了呢？"

大家是不是也有过这种经历呢？如果有，那你就需要考虑使用备忘录了。

有了备忘录，就不会再出现健忘的情况了。每天，除了时间计划表上一些经常做的事情外，还有许多重要的事情等着我们去做。一旦忘掉了这些重要的事情，当然就会出现问题了。如果把这些事情都记在备忘录上，那么所有的问题就都可以解决了。

准备一本小小的备忘录，它会帮助你顺利地做好每件事。

工作和生活效率高的人一般都拥有"每日备忘录"，它是引导有效性行动展开的重要工具，我们可以把我们能想到的、想做的或者想要提醒自己的事都记在上面。为了使我们的"每日备忘录"成为真正有效的工具，我们还需要养成每天早上看看"每日备忘录"的习惯。

"每日备忘录"只是用来帮助我们记忆，几乎每个人都会使用这种方法来提醒自己。比如，在台历上记录下某个约会的时间和地点，台历本身就是一个"备忘录"。只要我们好好利用，它就会发挥很大的作用。

"每日备忘录"是我们想记却又不愿长久记在脑海里的信息、文件和资料的存储器，它的优点在于需要时可以方便地找出来。

只要每天早上花很少的时间翻看当天的备忘录，我们就可以找到想要的东西以及需要做的事，这样我们就可以省下大量回想的时间。在恰当的时候，它便会唤起我们的约会计划，这样我们可以不用为担心落下某件事而操心，这会很大程度上提高我们的工作效率。相信"每日备忘录"这种方法可以帮助我们节省许多时间和精力，慢慢地我们就会享受它带给我们的益处。

"每日备忘录"还是促进我们和朋友、亲人以及同事之间关系的一种方法。我们只要把信件放在"每日备忘录"里就行，在时间到了时再动手写信或打电话保持联系，这样有助于促进我们和他人的人际关系。

"每日备忘录"是一种能够帮我们决策的工具，它能克制我们的冲动，让我们明智地做出决定。比如我们看到了一个广告单，上面写着只要花688美金就能买到某品牌最新款的数码相机，这么便宜的价格让我们很心动。冲动是魔鬼，这时，我们不妨把表格填满，装进信封并把它放在截止日期前一周的备忘录里。当时间到了时，我们就能够更冷静地判断我们到底需不需要那款数码相机。如果我们还是想要，那就把信寄出去。如果不想要了，就此结束这件事。

在任何时候，高效生活和工作都是"每日备忘录"的直接延伸，当然，任何人都要在"每日备忘录"上精心策划！

Chapter Eight

第八章

管理者，
用时间打造
高绩效团队

财务是分配公司内部宝贵资源的学问，它帮助大小公司的管理者们恰当地提出这样的问题：我们应该怎样做出投资决策，即为未来收益而牺牲当前某些利益的决策？我们应该怎样为投资决策安排融资？如今，经济飞速发展，努力提高资本运营效率，不断追求利润的最大化，已经成为投资者投资决策的主要手段。哈佛商训告诉你，事实上，仅仅需要观念的改变，外加一些简单的技巧，就可以让身为管理者的你画出更加美好的人生财富曲线。

追求效益，赚得多是硬道理

财务的基本宗旨之一是，每个人都在努力使自己的财富最大化。商人们追求的就是利润，可以说赚钱是商人的天职。通向富裕的路只有一条，那就是永不停止地赚钱。摩根这样说："富翁们的致富秘诀是什么？答案很简单，仅仅两个字，那就是'赚钱'。"许多商人都渴望自己能够赚到足够多的钱，他们把金钱视为上帝，在他们心目中，赚钱赚得多才是硬道理。盯准效益是企业生存的基础，赚钱早已成为商业精英的一种习惯。

约翰·托威是米勒豪宾馆的主要赞助人，在米勒豪宾馆开业前他曾在许多大型宾馆任职。约翰·托威认为，自己之所以能够取得如此巨大的成就，是因为他一直把赚钱看作是商人的天职，把效益最大化作为企业运作和员工管理的目标。只要能赚钱，无论付出怎样的努力，他都能欣然接受。

商业精英们非常爱钱，并且从来不隐瞒自己爱钱的天性。只要是认为可行的赚钱方法，他们就一定会做，这就是成功者经商的高超之处。美国的亿万富翁们普遍认为，无论目前已经赚到多少钱，他们一直向前的脚步是不会停歇的。因为在他们看来，商人的天职就是赚钱！在他们看来，赚钱是最自然的事，如果能赚到的钱不赚，这简直就是对钱犯了罪。

一个与"效益"一词并列的名字——桑迪·威尔，这位全球最大的金融服务机构花旗集团的主席兼首席执行官，他不仅赋予"效益"全新的定义，而且逐渐成为了效益的代名词。1998年，花旗公司与旅行者公司合并，创造了举世无双的历史纪录——7000亿美元。在宣布合并前，桑迪与克林顿总统、鲁宾财长等人通电话，鲁宾幽默地说："让我猜猜，你要收购美国政府。"桑迪处理交易比其他商界精英要更令人兴奋：挑灯夜战、创业与毁灭、买卖股票、创造财富，这些都能在他手中得到最完美的展示。桑迪·威尔说："交易中最重要的就是经济效益，追求利润最大化的企业定能立于不败之地。"

当意识到用自己的能力不足以赚取足够的财富时，少数人开始向理财的第二阶段迈进——用钱赚钱。正是因为"挣钱"已经成为一种习惯，使得商业精英们都特别善于理财。当我们还不能利用现有的钱赚更多钱，明智的做法只能是继续工作。那么挣钱的第三阶段是怎么达到的呢？当我们的头脑装进了"生产"财富的"软件"，并且我们还拥有了优良的思想和品德时，金钱就成为我们头脑的副产品。这时候，我们自己就是钱。这个阶段很高级吧！

在商界闻名的哈佛人就被培养了强烈的财商和挣钱习惯，他们在大学的时候就懂得：挣钱不能像中彩票一样，赚了一笔就满足了，而要必须不停地挣钱，使利益不断最大化。于是，这种根深蒂固的挣钱观念，引领着一批又一批的哈佛人在地球上创造出一个又一个的财富神话。

商业精英们认为创办公司的目的是为了挣钱，而一旦发现公司的存在不能创造利润时，他们即使是多么不舍得也定会忍痛割爱，对自己的公司或拍卖或宣布倒闭。在这点上，他们是铁石心肠，从不会感情用事，因为他们知道，效益是企业存在的灵魂，赚得多才是硬道理。

不能忽视资金的时间价值

如果你以银行贷款这种方式买过房或购过车，你一定知道为此你将向银行支付大笔的利息，有时候利息总额甚至会高过贷款本金。利息其实是资金的时间价值的反映。资金的时间价值是指货币随着时间的推移而发生的增值，是资金周转使用后的增值额。从经济学的角度而言，现在的一单位货币与未来的一单位货币的购买力之所以不同，是因为节省现在的一单位货币不消费而改在未来消费，则在未来消费时必须有大于一单位的货币可供消费，以此作为弥补延迟消费的补贴。

巴菲特说，上市公司的内在价值就是该企业在其未来生涯中所能产生的现金流量的折现值。任何人在计算该公司内在价值时都必须注意，未来现金流的修正和利率变动，都是会影响最终计算结果的。虽然这种计算方法无法得到精确结果，但这却是能够用来评估投资标的和股票的合理方法。巴菲特举例说，为了帮助投资者更好地理解这个问题,可以用大学教育来做比喻。如果仅从经济角度看,衡量一位大学生"内在价值"的方法是,首先估计他毕业后的整个工作生涯中能取得多少收入,然后再扣除如果他没有上大学的整个工作生涯所能得到的收入,这就是他因为上大学而得到的"额外收入"。

把这笔额外收入以一个适当的利率进行折现,就是他由于接受大学教育所得到的内在价值。而他的"账面价值"又是什么呢?毫无疑问,就是他为接受教育所付出的总成本,以及因为上大学而放弃的时间里工作所能得到的机会成本。

如果他的"内在价值"低于"账面价值",就表明他的大学教育经历从经济角度来看是不划算的。相反,就是非常明智的。

不过无论如何,在衡量内在价值时都必须用到未来现金流的折现值,然后才能与账面价值去进行比较。如果是股票,那么这时候就要通过对未来现金流进行折现,才能更好地衡量股票价格高低。

那么,要如何衡量资金的时间价值呢?资金的时间价值取决于多方面,从投资者的角度来看主要有:

①投资利润率,即单位投资所能取得的利润;
②通货膨胀因素,即对因货币贬值造成的损失所做出的补偿;
③风险因素,即因风险的存在可能带来的损失所做出的补偿。

任何一个创业计划都会对收入和支出进行准确的预算,但是差不多所有这些预算都不正确,也就是说人往往忽略了资金的时间价值,比如人们往往忽视需要多长时间才能将钞票得到手。如果你想让投资决策更为准确,就别忽略资金的时间价值。

以最小投入，获最大产出

以最小投入获得最大产出，无疑是最优的资源配置方式。商业精英的创业原则，即是用最小的资金和劳动投入换取最大收益。在他们眼中，财富是通过杠杆效应累积起来的。所谓杠杆效应，就是以智慧和知识为支点，达到最优的投资组合，从而在投入和支出最小的情况下，获取最大的收益。

在创造财富的历史记录中，股神巴菲特实实在在是首屈一指。从不到1万美元的投资开始，经过四十多年的打拼，到2004年，他积累了429亿美元财产，成为世界第二富翁。巴菲特创造了巨大的财富，但他的财富来源并不是开办公司或者拥有公司。他之所以能够积累起如此雄厚的财富，是因为他充分地"杠杆"了自己的金钱——投资购买其他人所管理企业的一部分股权，即以最小的投入获得最大的产出。

目前，巴菲特持有可口可乐公司8%的股权，是《华盛顿邮报》最大的外部股东，是吉列公司和富国银行的最大股东，也是美国运通的股东，这5家公司占据了巴菲特75%的投资。经济观察家预计，如果他旗下的公司能保持22%的年增长速度，那么到2009年，即到巴菲特80岁时，他将可能成为历史上绝无仅有的千亿富翁。"杠杆金钱"效应使巴菲特获得了巨大成功，同时也使得诸多跟随他的投资人得到了巨额的财富。

35年前，巴菲特基金每股价值为19美元，到1998年，每股价值达到7万美元，这意味着，1965年的300美元的投资被"杠杆"成了今天的100万！当年跟随巴菲特的投资人今天也都成了千万、亿万富翁。

巴菲特股票投资行为强有力地证明了：凭借"杠杆"，你可以获取与努力极不相称的收益。

作为全球最大的奢侈品公司，路易·威登集团总资产高达330亿欧元，而阿尔诺持有该公司47.5%的股份，是路易·威登集团最大的个人股东。52岁的阿尔诺做事从来都是奉行"以最小的代价获取最大的收益"这一原则。多年来，国际奢侈品界一直流传着一种说法：在贴在阿尔诺身上的所有标签中——"法国首富""奢侈品界的拿破仑""时尚人"……有一个可能更适合他：一匹穿着开士米羊毛衫的狼。

阿尔诺精于收购之道，他的优点在于比别人多个心眼——他往往要以最小的代价获得最大的利益。1997年以来，路易·威登集团公司开设或收购了500余家商店，从化妆品连锁店到销售太阳镜和手表的专业商店等。2000年，这些业务销售收入约为24亿美元。奢侈品行业是高利润率行业，像葡萄酒的利润率就高达40%，而零售业的利润率要远低于这个数。

好像没有什么东西能阻止阿尔诺不断地攫取财富。阿尔诺说："奢侈品是一个特殊的行业，它不像造汽车或其他行业,你得有勇于成功的激情，而且对我来说投入最小产出最大，从来不是奇迹。我想，最起码在未来10年，我还能继续玩得很开心。"2003年，路易·威登集团又收购了巴黎的La Samaritaine百货商店，持有这家百年百货公司约2亿美元的股份。

财务管理课的核心是使企业价值最大化，而要达到目的就需要以最小的投入获得最大的产出。以人力、物力、财力等成本的最小的投入，获取最大的收益和产出，这可以说是财务管理的精髓所在。管理者们必须有能力从财务的角度和其他角度看问题，管理成本支出，让企业的经营效率达到最大化。向哈佛大学的商业精英们学财务管理，你的企业会有质的飞跃。

成本管理，让每一分钱都创造价值

世界上流行这种说法："生意人是吝啬鬼。"也就是说商人对金钱十分吝啬。而商人却从来不会改变自己这种特质，因为作为商人，对物品的斤斤计较、对金钱分分毫毫的计算和利用是商人职业本能的反映。在商业精英眼中，"吝啬"就是懂得成本管理，因为每一分钱都可以创造出价值。

"紧紧地看住你的钱包，不要让你的金钱随意地花出去，不要怕别人说你吝啬。你的每一分钱都有两分钱收益的时候，才可以花出去。"巨富洛克菲勒是这信条虔诚的遵守者。

年轻的时候，洛克菲勒在一家大石油公司做焊接工，他的任务是焊接装石油的巨大油桶。细心的他发现要焊接就会有焊条的铁渣掉落，他就想到，如果按照这样的方法焊接像山一样的油桶，将要浪费很多焊条。于是，他改进了焊接的工艺和方法，让每次滴落的铁渣大量减少，这一方法为这家大石油公司每年节约资金5.7亿美元。

当洛克菲勒有了自己的积蓄后，他便开始创业。最初的经营十分困难，很快他就花光了全部积蓄。他发现，要想发财致富，除了节约之外，没有其他办法。从此，他将每天要花的钱加以节省，并存起来一部分，同时加倍努力工作，千方百计地增加一些收入。这样坚持了五年，他积存下800美元，然后将这笔钱用于经营煤油。

洛克菲勒在经营中精打细算，千方百计地将开支节省，把赢利中的大部分储存起来，到一定时间再把它投入石油开发。照此循环发展，资本越积越多，生意也越做越大。经过30多年的勤俭经营，洛克菲勒财团终于成为北美最大的三个财团之一，公司的年营业额达到1100多亿美元。

即使年老了，洛克菲勒仍然非常注重节俭。有一次，他向他的秘书借了5美分，当洛克菲勒给秘书还钱的时候，秘书不好意思要，洛克菲勒当即大怒："记住，5美分是1美元一年的利息！"由此可见他对金钱的节俭和计算真是精明。

皮尔森作为H&M的总裁，带领H&M走向国际市场，成功地实现了海外的迅速扩张，他最重要的管理策略便是成本控制。皮尔森亲自掌控公司支出，他的外表和谈吐都像是财务专家，而非零售业巨子。为了减少花费，皮尔森甚至没收员工的手机，今天公司中只有少数高层主管备有手机，而且公司规定员工只有在特殊情形下才能搭乘商务舱和出租车。虽然在小地方十分节俭，但是皮尔森在大事情上却很舍得，H&M的大手笔投入占年营销费的4%以上，聘请知名摄影师拍摄广告时也从不吝啬。

哈佛商学院的财务管理课程中，成本管理占据很重要的位置，因为只有懂得成本最小化的原则，才会向企业价值最大化迈进。这是一条致富之路。富兰克林是这样做的、立格逊是这样做的、希尔顿是这样做的……无数商业精英皆如此。聪明的你，对于这样的机会，绝不应该放过。

成本管理是企业财务工作的基础，可以说是财务管理中最核心的环节，企业的成本决定了企业的利润。作为一个管理者，必定需要控制企业的支出，让成本最小化。合理地安排和规划自己的支出，花好每一分钱，增加自己的投资意识，尽量获得高回报，使自己的财富增值。

深思熟虑，勾画出未来蓝图

深思熟虑不是浪费时间，而是一种聪明的处事方法。碰到问题或困难，急于处理是莽撞冲动的行为，是不可取的，因为那样只会把问题越弄越复杂。不知你是否试过解千结的乱麻，一堆乱麻堆在面前，只有心细沉稳的人，才能逐渐找到头绪，然后方能解开。所以，遇到问题时，干着急鲁莽行动是不行的，而是要沉下心来，深思熟虑，勾画蓝图，看清方向再出招。

所谓深思熟虑，简单说就是审时度势。"时"指的是时机。时机有三种，一是好时机，二是坏时机，三是一般时机。时机好，就能事半功倍；时机不好，就会事倍功半。时机一般，全靠努力，没有多少取巧的余地。"势"指的是形势。形势也有三种，一是强势,二是弱势,三是均势。势强时,如同从山上滚石头,不可阻挡;势弱时,如同从下面往山上运石头,不仅费力,还不一定能成功。在均势时,就像在平地上滚石头,全靠实力,没有多少借用的余地。

作为一个团队的领导人,要有审时度势的能力。

默克制药总裁乔治·默克是一个喜欢深思熟虑的人,他一直用自己勾画的蓝图引领企业行进成功的道路。20世纪20年代末期,乔治·默克就勾勒出了默克公司的宏伟蓝图。默克公司奉行正直、奉献社会、对顾客和员工负责,以及追求质量和完美的核心价值。乔治·默克立志要让默克成为世界级公司,成为既赚取丰厚利润,又用医药上的创新造福人类的公司。

默克不仅期望员工进步,本身也致力追求进步和卓越。最终,他获得了卓越的成就。默克公司以对产品品质的严格要求而著称于世。默克公司不仅是全球首家合成维生素的公司,而且在液晶制造、珠光颜料、实验室产品及半导体工业超纯化学制品等方面,也处于世界领导地位。默克公司16次获得美国《财富》杂志评选的"美国十大最受推崇公司"称号,连续15年被美国《工作母亲》杂志评为100家最佳公司之一。

经过深思熟虑后,看清方向再采取积极的行动,不仅可以避免无谓的损失,也能使你获得真正的成功。因为你已经熟悉了形势,你所做出的计划和策略都经过了理性的判断以及深沉的思考,这时你的行动才是对的,才能取得理想的效果。

通过审时度势以了解大局势、大背景,就如同在沙漠中探险必须要了解地形地貌一样重要。试想一下，如果我们置身于茫茫沙漠，若是不沉下心来仔细分析所处环境，审时度势，找到前进的方向，而是一味地狂奔呼救，不仅耗费了体力，也会因为方向、方法不对而与绿洲、水源等求生机会越来越远。

行事之前，审时度势，看清方向再行动。每个策略或者计划，都是建立在一定的理性分析上的。只是简单地制订计划，而不会审时度势的人，是没有远见和不懂策略的人。如果你没有审时度势，不全面掌握各方面的环境因素和自身因素，莽撞地作出一系列的决定，是很容易走向失败的。

激励，可以极大地调动员工的积极性

管理的核心是人，只有将团队中的每个人都调动起来，才可以说是实现了有效管理。每个人都有被社会和他人认可的需求，只有精神需求得到满足，人们才会有动力为组织和团队奉献自己最大的力量。因此在团队管理中，激励的作用不可小看。

激励对人产生的动力是无法用计量单位衡量的。但是，我们必须承认，在人生的旅途中，每个人都曾经在内心深处受到过鼓舞和激励，从而激发出自身的潜能和无穷的力量。人都是需要激励的，一句真心的赞誉或是夸奖，就能让员工焕发出积极性和热情，甚至有可能使他们终生受益。

管理学大师彼得·德鲁克指出，一个人在领导中的"有效性",与他的智力、想象力、知识之间,几乎没有太大的关联。"有效性"不是天生的,是实务综合,是一种习惯,唯有透过激励机制,有条理、系统地工作,才能达到有效。

通用公司总裁韦尔奇先生曾被问及"如何安排一天的时间",韦尔奇先生是这样回答的:"我一天的工作时间中有45%的时间用来与我的各层员工谈话,通过谈话了解他们心里的想法和遇到的困难,20%的时间用来作企业战略方面的决策,35%的时间用来讨论现有的流程还有哪些需要改进。"

他认为要不断地通过沟通体会员工的情绪,动态分析产生情绪的原因,并尽可能帮助员工走出心理困境;当然也要分享员工的成功和快乐,衷心地祝贺他的成功和进步;更重要的是,激励自己的员工,让他们更加忠诚自己的团队。

韦尔奇认为,要关心员工们的生活和家庭,让其充分感受到家的温情和良师益友般的关怀,进一步增强员工的归宿感,增进员工与企业之间的感情。事实上,韦尔奇先生在工作之余还喜欢走入生产第一线,与一线工人和主管谈心,切实关心员工们的一切。

俄罗斯老寡头弗拉基米尔·波塔宁就是一个很善于运用物质激励员工的人物。他在诺尔里斯克的工人的月薪达到1000美元,远远高于俄罗斯的平均水平。他在新的管理团队还实施了一系列社会福利计划,包括为退休工人修建新住宅区。诺尔里斯克人自豪地宣传波塔宁斥资3亿美元收购一处美国白金矿,以及他控股的Interros资源集团每年出产的铂族金属占全球产量的90%等事实。

不仅如此,激励的作用可以让员工真心爱上自己的事业和工作，并且为了工作的成功执著努力。因为在员工看来，得到认可和赞美是他们喜欢的，如果工作能带给他们这种满足，那么能够提供幸福感的工作，就是生活不可或缺的一部分。如果员工能得到这种认知，那团队的管理就可以说是成功的！

直销行业的"皇后"玫琳凯，作为玫琳凯王国的缔造者，就很善于激励她旗下的员工。她提出公司应以"丰富女性人生"为己任，在事业发展走出美国后，她又提出创建"全球女性共享的事业"。在玫琳凯的大力提倡下，她所奉行的黄金法则、生活优先次序的指导哲学和市场理念随着她和她80万位美容顾问的身影迅速传遍全世界。

最为重要的是，玫琳凯以她的企业结构激励了千千万万的妇女，使她们纷纷成为小型企业经营者。在她自创的管理风格下，她以不断地鼓励及物质报酬来提升妇女的自尊和自信。有杂志惊叹：玫琳凯所解放的妇女，比美国女权运动领袖格劳瑞娅·史戴解放的还要多。

玫琳凯说："我们的宗旨就是丰富女性的人生，女性就是如此——只要给她们机会、鼓励和荣誉，她们同男人一样也能展翅高飞。"由于她在一向由男性主宰的管理世界的杰出成就，玫琳凯被视为当今世界上最成功的女企业家。玫琳凯的公司曾三度入选"全美100家最值得工作的公司"，同时还被列为最适宜妇女工作的10家企业之一，而玫琳凯本人也被公认为是200年来20位全球企业界最具传奇色彩并获得巨大成功的人物之一。

从上面的例子我们可以看出激励的力量，激励是促进团队高速、有效运作的催化剂，它可以是精神上的，也可以是物质上的。优秀企业的标志是能够燃起员工的工作激情，而最好的燃料就是激励，良好的激励机制可以让员工为企业全心全意付出而不辞辛劳。总之，激励能让员工感到满足，满足的背后就是员工们源源不断地发挥自己的实力，为整个企业贡献自己的才华和汗水，最终受益的还是懂得激励的领导者。

不要最优秀，只要最合适

把合适的员工放在合适的岗位上是每一位企业管理者都深信不疑的管理原则。商业精英们从来都不认为最优秀的人就一定能够创造最优越的价值，他们只相信最适合这个团队的员工能给整个团队以更大的帮助。

惠普公司的两大CEO卡莉和赫德一直是被世界经理人膜拜和学习的代表人物。卡莉在任惠普总裁期间，董事会一直督促她引入新鲜血液，但她只从外部引进了为数不多的几位高管，因为她认为最优秀的才是最好的。为此，董事会表示过不满。管理大师拉姆·查兰也批评她"不能正确地挑选管理者"。

合并康柏后的新惠普，大约有31%的销售额来自个人电脑业务，但是这个部门并未盈利。竞争对手戴尔不断利用产品的低成本优势对惠普构成巨大的竞争压力，新惠普必须尽快降低成本以应对。卡莉选择了原康柏公司里掌管笔记本电脑部门的亚历克斯·格鲁岑，让他负责新的笔记本电脑部门，但是拉姆·查兰认为他并不是最合适的人选。亚历克斯·格鲁岑加入惠普前，曾在索尼工作6年，在康柏也工作过6年，有丰富的管理产品线的经验。他上任后，推出了一批新型笔记本电脑，但在改善供应链方面成绩不大。

后来，惠普新总裁赫德上任，为惠普赢得一次质的飞跃。其实仅靠赫德一人，并不能帮助惠普顺利地实现华丽转身。成功的关键是，赫德打造了一支优秀的管理团队。赫德不同于卡莉之处在于，赫德知人善用，而卡莉疏于育人。

赫德选择的托德·布拉德利，奔迈的前任CEO。他管理方式灵活，具有国际运营经验，而且特别擅长管理供应链，无疑是最合适的人选。在他的带领下，惠普的台式电脑业务告别了"失败者"形象，信息产品集团PSG也成为惠普内部最大的事业部，收入占到了惠普总额的32%。2006年，PSG集团赢利12亿美元，这种利润水平目前只有苹果电脑公司可以与之相比。

和布拉德利一样，赫德挑选的兰迪·莫特也堪称奇兵。莫特原来是戴尔的首席CIO，加入惠普至今，已经为公司节省了10亿美元。赫德还邀请托马斯·荷根担任副总裁，主管惠普软件业务，托马斯·荷根曾是管理软件开发商Vignette的CEO，具有24年的软件从业经验。这些精英的到来，为惠普带来了久违的活力。

赫德在识人、选人方面，从来都认为最优秀的人不一定是最好的，最合适的员工才是最能为企业创造财富的。在挑选新员工方面，赫德有两个十分受推崇的方法：一是按图索骥。先列出某个职位需要的各种技能，然后再去找符合条件的人；二是公开选择的标准。给某个人安排某个职位时，需要向员工说明，他在哪些方面做得好，是通过什么行动得到该职位的。

"按图索骥"及"公开标准"讲起来很简单，但想真正做到是很难的。负责选人、用人工作的管理人员稍有不慎或者其主观性稍强一些，就会产生用人的偏差，也就是"把不合适的员工放在了不合适的岗位上"。

把不合适的员工放在了不合适的岗位上，具体有这样两种表现：首先是所选人才的实际素质与能力高于岗位要求，这会造成员工工作的不安心、人力资源的浪费、人力资源成本的提高；其次是所选人才的实际素质与能力低于岗位要求，这种情况会造成工作无法开展、工作难度加大、培训成本提高等现象。

企业在用人的过程中，"把合适的员工放在合适的岗位上"的确是十分重要而且是有一定难度的，是值得企业管理者认真对待的。企业的管理者如果真正把握了"什么样的员工才是合适的员工"这一关键，其在选人、用人过程中就能得心应手，选对合适的员工也就不是那么困难了。

对唯唯诺诺的员工说"不"

过去，对上司绝对相信和服从的员工往往能获得更好的职业发展机会，但现在，管理层更重视那些敢于表达不同观点的员工。因为这些人的独立见解，常常能使公司避免重大损失或陷入困境。

你要学会做一个有主见、有想法的人。同时，作为管理者的你，也应懂得对那些只会唯唯诺诺、吹嘘拍马的下属说"不"！没有哪个公司可以容忍一大群毫无主见，没有创新想法的员工长久地聚集在一起，因为这无疑是低效率的体现。著名管理大师肯·布兰佳认为实现成功的经营既离不开个人努力，也离不开团队协作，他认为团队最应当重视的就是对员工拓宽权限，因为这样可以提高他们的自主性和独立性。

随着团队工作水平的提升，当团队成员和领导们在团队的改革过程中遭受挫折时，会很容易丧失对高水平团队的正确判断标准，并忽略高水平团队是如何取得巨大成就的。他们倾向于看到的仅仅是需要承担更多责任的问题，而忘记了与之相关的收益回报和所有权。所以员工认为唯唯诺诺，一切听从上司的方法更能明哲保身，于是这种"鸵鸟"策略得到大多数员工的青睐。

对于这个问题，管理者需要提醒所有人高水平团队的每一成员应该履行的责任，并对团队成员采取利益激励机制。值得注意的是，领导者的督促和偏好可以让员工改变自己唯唯诺诺的个性。如果以合作的形式发展业务，那么清晰地确定任务，将有助于团队成员明确界限，并提高他们的工作热情。团队成员们掌握更多的信息后，就可以发现达成重要目标的需求，并产生解决问题、改革创新和继续推动项目的动力。通过参与、确定团队任务，成员们开始感受到真正的自主性和责任感，并以主人翁的态度和有效的方式来完成任务。

一位微软员工曾这样描述在比尔·盖茨的办公室中召开的微软

产品发展会或检讨会的情形："上帝，那像是一间闹鬼的房间，很可怕但也很有趣。比尔喜欢敢跟他对立的人，他最讨厌只会附和的人。"

美国商业作家弗雷德·穆迪曾参加过比尔·盖茨主持的产品发展会，与穆迪同行的工作人员说，穆迪会静静坐着，仔细观察比尔·盖茨在这种会议上怎样张牙舞爪。"会议先是以一场简报揭开序幕。很显然，做简报的是一位很容易紧张的工程师，他只不过讲了20个字，比尔·盖茨就勃然大怒。接下来的1小时，比尔·盖茨时而尖叫、挥舞手臂、咆哮、打断别人的讲话，时而冷嘲热讽或批评辱骂。挨骂的人则勇敢地表达自己的观点，尽量试着不把他逼到想杀人的边缘。

"当时我在想，怎么没有人给警察打电话？""终于，会议结束了。比尔·盖茨静静地坐在他的椅子上，有节奏地前后摇摆，陷入沉思之中。然后，他轻声说：'好吧……听起来不错……尽管去做吧。'"后来比尔·盖茨向穆迪解释，开会前他已经读了很多关于那项计划的电子邮件，他之所以用难题挑战提出计划的人，只是想确定那人是不是真的把每件事都想得很透彻。

团队领导们不仅依靠自己的主观判断，还通过团队成员的反馈获得宝贵的意见。高水平团队为成员们的个人成长和发展提供了令人振奋的机会，并且还对他们的职业生涯产生积极的影响。例如，那些渴望获得能承担更多责任之职位的人们，可能需要发展领导才能、演讲水平、争议纠纷的解决能力和决策能力。在众多的高水平团队中，人们可以发现机会并加以运用，同时掌握各种技能。在任意一个高水平团队内,做出你需要发展哪些方面能力的决定是很重要的,不仅有助于团队完成业绩,还有助于你职业的成功。

向唯唯诺诺的员工说"不",意味着你要想办法把整个团队建设成高水平的团队。高水平团队的一项内涵是团队里的每一个成员都对结果负有责任,团队成员们需认清并指出那些妨碍进步的程序和政策。当一个机构向高水平团队成功转变时,开放对话程序及讨论过程必将会受到大家的欢迎和拥护。在转变过程中,把这个信息传达给团队成员们,是希望他们对阻碍进步的事物永远保持警惕。

提高预测力,看清市场走向

马克·吐温曾经这样埋怨自己:"我往往是在机会离去时,才明白这是机会。"事实上,这也是许多公司的命运。有人经过观察、分析得出了以下结论:对待市场机遇,公司的态度有三类:第一类为积极作为型,第二类是察觉后不为所动型,第三类则是茫然不知型。在信息不完全对称和瞬息万变的现代市场中,第一类公司大体能做到把握机遇、看清市场、以变求生,而第二、三类公司往往难以捕捉或充分利用市场机遇,最后难逃经营不善的厄运。

强生、马利奥特、美国运通等一批公司之所以杰出,很大程度上在于它们比别的公司更善于利用机会。哈佛大学商学院年轻的学者詹姆斯·柯林斯说:"回顾那些伟大的、有前瞻性公司的历史,我们发现它们之所以能够作出最好的行动,不是因为详细的战略规划,而是依靠反复尝试、机会主义,或者准确地说,是靠机遇。"虽然这话说得有点偏,但是也可以证明真正的商业精英都是善于把握商机,预测市场动向的能人。

商家与顾客的对话基本上都围绕顾客的需求而展开的。预测顾客需求要求企业管理者具有全新的思路,而不是简单听取表面的建议,提出显而易见的解决方案。然而,令人难以想象的是,激发创新的最大潜力在于对不经意流露出的潜在需求的直觉。这种"不经意"的一种形式是,知道顾客需要什么但却没有公司提供解决方案。进一步地说是指,或者是没有服务提供商,或者就是现有的服务缺乏质量、速度和便利性等价值元素。

精明的企业家总是对明显的、尚无解决方法的难题保持警觉。例如,Laptop Lane公司的首席执行官一次偶然发现一个衣着考究的经理人在机场寻找手提电脑的插座,这激发了他的拓展新业务的构思,此外他还注意到三个趋势:商务旅行者的人数不断增加;越来越多的人携带手提电脑;他们中的许多人希望不间断地与同事和顾客保持联系。于是这位首席执行官意识到,商务人员有一项没有被满足的需求——旅途通信支持,目前属于市场空白,但却商机巨大。

于是他在机场架起了舒适的、提供全方位服务的机场工作站,包括复印、隔夜快递、会议室出租、传真和打印服务。每一个机场工作站设有4~12个办公室,面积为36~48平方英尺,墙高7英尺。这样的场地租用费为前5分钟2美元,以后每增加1分钟需花费38美分,包括本地电话、长途电话和传真在内。

以上的例子可以看出,成功的商业精英从来都具备敏锐的市场预测力，还具有把握市场走向和解决问题的能力。那么，他们到底是怎么发觉这些商机的呢？在当今这个社会，资金、人力和时间已十分珍贵，所以把有限的资源集中在决定企业能否获得成功的关键领域是至关重要的。显而易见，像同竞争对手那样调配资源是不会带来竞争优势的。如果你能确定你的企业获得成功的关键领域和关键因素，并将资源正确地组合调配，你就能使自己的企业处于一个真正有竞争优势的地位。

确定成功的关键因素并不总是很容易的。战略家在处理过程中基本上有两种方法：第一种是尽可能富有想象力地剖析市场，确定市场的关键区隔；第二种是找出什么因素使盈利公司不同于亏损公司，然后分析两者之间的区别。

看清市场走向，最重要的是抓住客户的"胃口"。引领时代潮流的公司之所以具有在"不经意间"中把握顾客需求和市场商机的独特能力，是因为它懂得预测市场需求，不断满足客户的"胃口"。

如果你具备和商业精英一样的市场预测力，能够抓住客户的需求，把握问题的关键因素，那么在关键的领域做出有效和持续的努力会是你和竞争对手有所不同的唯一原因。但是如果仅仅知道成功的关键在哪儿，不做有效的努力，预期的结果是不会自动出现的。

Chapter Nine

第九章

销售人员，
快速
拿到商业订单

市场营销是一个艰苦的过程，在这一过程中，顾客始终是这一过程的主宰。美国人奉行一段话："什么是顾客？顾客永远是本公司的座上客，不管公司的营销形式是靠一个推销员，还是一个信件。"现实中的销售模型也是基于客户的，承认并接受以消费者为中心，进行全部的经营活动，才能将自己的产品价值传播出去。从现在开始，学习以消费者为导向的市场营销课，你会发现，提高销售业绩是有些方法和技巧可供遵循的。

进行顾客调查，一切向市场看齐

客户调查是营销活动中十分重要的一个环节，但很多企业不是很明白自己通过市场调查想得到什么。客户调查的目的主要有：目标用户群是什么样的人，目标市场到底有多大，目标用户对于价格、包装及售后等服务的看法是怎样的，什么样的推广才能够到达这样的目标人群，目标用户群中多少人会购买该产品，竞争对手是谁，他们在市场上的状况怎样，如何制定与竞争对手的竞争策略。

顾客调查为市场预测和经营决策提供准确的情报资料，是市场预测和经营决策的基础。

许多企业，尤其是中小企业认为市场调研可有可无，它们认为市场调研的代价比较高，且调研效果不明显，因而更愿意将资源投在产品研发、人员培训和设备升级更新上。还有些企业的市场调研工作仅仅流于形式，将市场调研当作形象工程，而忽略其真正的意义。这些企业并不在乎调研的真实性、有效性和可靠性，仅想借此表现企业对市场调研和消费者的形式上的"重视"。与之相比，欧美市场上的知名企业，尽管已经拥有一系列成功的产品，但每年仍坚持市场调研，它们的成功大多与关注消费者需要、重视市场调研密不可分。

消费者需求调查的内容包括：购买某种产品（或服务）的顾客大都是什么人（或社会团体、企业），他们希望从中得到哪些方面的满足和需求（如效用、心理满足、技术、价格、交货期、安全感等），目前市场上哪些产品（或服务）能够或者为什么能够较好地满足他们某些方面的需要等。

顾客需求调研是所有企业生存和发展的一个重要环节，其目的主要是了解市场商品需求的数量、结构，产品市场寿命周期，对新产品的需要，以及与此有关的消费者的收入水平、人口数量和构成，发展生产的投资部署，商品价格水平，消费者购买行为。顾客的需求应该是企业一切活动的中心和出发点，因而调查消费者或用户的需求，就成了市场调查的重点内容。

美国北部流行的衣服可能在南部卖的不是很好，因为南部地区的人不论是身材还是喜好上都同北部地区的人有所差异。所以在销售商品前，应调研并掌握流行趋势、商品基本规格及政策法规等情况，确保你的商品符合当地的习俗和潮流。

但特别强调的是，绝不能因此而盲目相信调研数据，一些看似清晰、准确、合情合理的市场调研数据有可能为你提供片面、偏颇的信息，所以一定要把数据和经验结合起来。

可口可乐公司在准备推出新口味可乐时，曾经在全美各地展开了一轮由某著名市场调研公司运作的全方位市场调研，市场调查数据表明，近60%的顾客喜欢新口味可乐的味道，这个结果令可口可乐的老板们大为振奋，因为这将使公司的预期利润在现有利润额的基础上增加近一倍。

于是，可口可乐公司开始大肆生产、销售这种新口味的可乐，但新口味可乐出人意料地遭到全球传统可乐消费者强烈的反对，他们甚至以示威游行的方式进行抗议。最后，可口可乐公司只得屈服于消费者的意愿，恢复传统可乐的生产。后来，可口可乐公司重新制定出适合海外市场的营销方案，才开始生产新口味的可口可乐。

当今世界上成功的企业无不高度重视、把握和理解市场需求。微软成功的一个重要经验就是不断调查、了解客户需求，然后根据客户需求开发他们真正想要的产品。实践证明，对客户需求了解越清楚，越能为客户提供独特的产品，越有利于企业制定的差异化营销策略，从而使企业赢得竞争优势。

毫无疑问，了解市场、把握客户需求非常重要。只有真正了解客户需求，才能制定出一系列富有竞争力、差异化、适合企业特点的经营策略，开发出市场需求的产品，在市场竞争中不断发展壮大。

确认你的目标

时间管理要解决的第一个问题，就是确认你的目标，然后在实际工作中面对多个问题时优先考虑你的目标。你的目标就是你在这个阶段要达成的一个结果，一种状态，它最好是可以量化的。

哈佛大学的课程里有一个SMART原则，用来判定目标的合理性。

SMART目标管理由管理学大师彼得·德鲁克提出，其要点主要有：1.绩效指标必须是具体的；2.绩效指标必须是可以衡量的；3.绩效指标必须是可以达到的；4.绩效指标必须是实实在在的，可以被证明和观察到；5.绩效指标必须具有明确的截止期限。无论是团队的工作目标还是员工的绩效目标都必须符合上述原则，五个条件缺一不可。

制定目标的过程也是自身能力不断提高的过程，在不断制定高绩效目标的过程中，你能同时提高绩效能力。目标分为短期、中期、长期目标，不同长度的目标，能引领你走向时间管理的最佳状态。效率的达成与衡量方式，是看结果反馈与你的预定目标偏离的程度是多少，所耗费的机会成本有多大，时间成本有多少，由此来评定你这段时期的工作成绩。

职场上，很多人思想保守，只想保持住目前的工作，对于业绩的争取、职位的晋升，他们没想过有所发展。现实生活中，很多人之所以不成功，一辈子庸庸碌碌，不是因为他们没有能力或者智商太差，而是因为他们根本就没有要改变自己状况的想法，即没有远大的目标。所以，人需要一个远大的长期目标，为自己提供精神动力和愿景。

许多卓越的成功者都喜欢为自己找一个成功的愿景，一个长期的目标，因为他们知道榜样的力量是无穷的，目标的作用是强大的。股神巴菲特就是一个从小有远大目标的人——他从小就希望成为一个富有的人。目标时刻提醒你，你的目标就在前头，你要实现梦想，就必须不断进取，直至最后你达到了目标。

一个思想进取的人，在工作过程必定会为自己制定一个时间段的工作目标，如推销大王乔·坎多尔弗。他从事保险业的推销，被认为是世界第一号代理商，他曾连续10年每年的推销额不低于8亿美元，1976年，他的推销额创纪录地达到10亿美元。在美国，推销商年推销额超过百万美元就会获得殊荣，而乔·坎多尔弗一个人的年推销额就超过了绝大多数保险公司的年销售总额。乔的成功经验就是他总是首先确认目标，这是一个很重要的环节，可以避免把时间花在没有意义的事情上。一天只有24小时，合理地分配时间，令自己更有效、更多地推销产品，是乔·坎多尔弗最得意的地方。

在时间管理大师塞韦特的观点中，首先强调的便是目标的确认。目标的确立既然那么重要，管理者应如何确立目标呢？下面是几个值得参考的原则：

首先，目标必须是你自己的。就任何一种目标而言，当你自己所参与的份额越高，则你为实现它而付出的承诺将越大。假定目标是由你自己制定的，则你本身将成为实现目标的原动力。

其次，目标必须切合实际。事实上对目标的追求者来说，轻易能够完成的目标并没有真正的挑战性。也就是说，目标本身必须具有相当的难度，以及具有被完成的可能性。在你制定目标的时候，必须确定目标是你所能追求得到的。一般说来，目标制定得越高，其挑战性将越大。

再次，目标必须可量化。含糊、笼统的目标极难作为行动的指南。例如某公司老板因感于员工流动率过高，而立下决心予以避免。倘若他将目标定为"降低本公司的员工流失率"，则该目标肯定难以作为行动的指南，因为他没有具体指出流动率应降低多少。但若该目标改为"在一年内将员工流动率由65%降至20%"，则该目标的缺点将不复存在。

最后，目标必须具有期限。制定任何一个目标时，都必须明确目标完成的期限，不指明目标的完成期限，则人们很容易采取拖延的态度，而使目标的实现遥遥无期。

关于成功的最佳定义之一是：逐步实现一个有意义的既定目标。这个定义适用于任何人，不管他的人生目标是什么。这个定义还能让人按自己的价值观念和理想来达到成功。

确认你的目标并不是毫无用处的，别等着你的上司来告诉你要做什么，而是自己主动问自己：我的目标在哪里？我决定达到什么效果？我可以完成的工作任务有哪些？还有，记住，你的每一个阶段目标都是通向你远大目标的基础。

营销计划的核心是准确定位

对一项产品从生产到销售的各个环节进行管理是一项营销计划，对公司的主要客户以及他们的特别需求的管理同样是一项营销计划。在制订营销计划的过程中，管理人员要协调营销部门与非营销部门的关系，以销售某种产品或渗透进某一特定市场。如果说营销行动是营销执行的枢纽，营销计划便是策略家争取顾客、削弱竞争对手的工作手册。营销计划的核心便是准确的市场定位。

在营销计划上的第一种常犯的执行错误，就是盲目追随他人，形成一种俗称"老鼠营销"的问题，这并不是执行上的障碍，而是由于管理层在营销策略上缺乏明确的方向，导致在计划的执行上理不清头绪。

有一家电子产品制造商，一直被新产品投放市场速度太慢的问题所困扰。在该行业中，率先投入市场的产品往往会有极大的优势，但该公司的产品从开始构思到正式进入市场，往往比主要竞争对手落后1年。这一点令公司的营销人员烦恼不已。通过进一步的研究，该公司终于发现该他们的营销人员一直让开发部门致力于市场上已有商品的研制等"无价值"计划。而如此众多的计划，源于公司高层对公司业务范围和市场情况缺乏明确的认识，热衷于搞计划。计划越搞越多，就像老鼠迅速繁殖一样，故形象地称之为"老鼠营销"。

从这个例子中我们能够认识到这种没有准确定位的营销计划的缺陷。一个完善的营销计划，并不会必然导致良好的营销活动，上述的"老鼠营销"就是在营销计划中经常发生的问题。当公司领导对于营销本质与方向的认识是模糊的时候，他们就容易提出各种营销计划，导致力量分散，难以做好任何一件事，于是"老鼠营销"便由此产生。

说到因定位准确而致富的，最引人注目的当数BHS百货连锁店老板菲利普·格林。他以12亿英镑资产从富豪榜的149位一跃至第16位，格林爆炸式的赚钱速度简直令人难以置信。

在格林到来之前，BHS的目标不过是年利润1200万英镑。上任伊始，格林就和他的团队对自己的客户和产品进行了重新定位，他们将顾客群体定位为40~55岁的女性，将目光瞄准中档品牌。为此，格林的解释是："我的很多竞争者都瞄准高档商品，低档折扣商店则利润微薄，因此我最看中的是中档商品，它使我们能够做到在节约成本的同时保持盈利。"短短两年过后，格林就为它带来了有史以来最高的1亿英镑利润，BHS百货连锁店的价值也从两年前的2亿英镑提升到12亿英镑。

索尼公司是世界上民用领域专业视听产品、通信产品和信息技术产品的先导之一，它在音乐、影视和计算机娱乐运营业务方面的成就也使其成为全球最大的综合娱乐公司之一。连续五次荣登年度"最佳品牌"评选榜首的索尼公司，也是注重市场定位的营销巨头。

面向宽带网络时代，索尼公司一直致力于构筑一个完善的硬件、内容服务及网络环境，使消费者可以随时随地享受独具魅力的娱乐内容及服务。正是积极、准确的市场定位，使得索尼满足了市场需求，成功进行了品牌营销。如今，索尼公司已在西欧、美国、东欧、巴西、中国等地开辟了广阔的市场，公司的出口额占总营业额的60%以上，其经营的项目也由单一的电器转为多元化的产品与服务，成为与通用汽车、西门子、菲利浦等并驾齐驱的第一流跨国大集团。

市场营销计划是企业必不可少的执行计划之一，成功的营销计划必定有一个准确的市场定位和营销愿景。做好市场营销计划，首先就应该研究目标市场，进而定位营销目标，细分目标市场。

哈佛大学课程里讲述：商业精英的思想是只有定位准确后，才是毫不犹豫地下注投资，否则，他们宁愿继续琢磨和研究，直到找到真正通向财富之路的方向。营销计划的指路灯便是市场定位，营销人员在确定目标市场时，必定经过专业的市场细分和准确的市场定位。有了准确的市场定位作基础，便能不断扩大市场。

运用 ABC 法将你的客户分类对待

在阅读本节前，请先思考或讨论一下：什么是ABC方法？我们又应该如何管理客户？之后，请拿起笔来，写下你的答案。

当你把客户名单都列出来之后，或许会感到手中的名单杂乱无章。如果你的客户不多还比较好处理，如果客户有几十个、几百个，你又该怎么处理呢？你的第一反应肯定是平均分配力量，对每个客户都按时拜访、送货？但是，那样的话你忙得过来吗？

可见将客户进行有效的分类是很重要的，这可以提高效率，并提高绩效。

80/20法则可以用在客户上，销售员80%的业绩来自于20%的客户，另外20%的业绩则来自于80%的客户。而这其中又可以分为：80%的业绩来自于老客户的重复购买和推介，20%的业绩来自于自己新开发的客户。

ABC分类法又称巴雷托分析法，它是根据事物在技术或经济方面的主要特征，进行分类排队，分清重点和一般，从而有的放矢地确定管理方式的一种分析方法。由于它把分析的对象分成A、

B、C三类，所以又称为ABC分析法，其中A类占10%~15%，B类占15%~25%，余下为C类，其中A类为最重要的成熟客户。

具体来讲，ABC客户分别是指：A类客户代表"重要的少数"，它是指通过ABC法则，在目标客户群中选取的重点细分客户，对该细分客户投入相当于竞争对手2倍的人力、物力和财力等资源。A类客户量少价值高，他们应备受我们的重视而享有最佳的客户开发管理，包括最完整的服务记录、最充裕的服务时间、最细心周到的服务措施等。如果要开发A类客户，我们应及时执行公司营销计划并反馈客户信息，选择最佳的服务方案，建立最佳的客户跟踪档案，从而能够在短期内迅速赢得该类重点客户。

B类客户指数量和质量介于A类与C类之间的客户。通常要把对这类客户的跟踪工作作为管理的重点，不时地拜访他们，听取他们的意见并加以改进。对B类客户可采用培育的方式，当该类客户数量减少到某一特定水平时，应自动增补该类客户并加以培育。

C类客户是数量多而价值低的客户。对这类客户不宜有过多的管理，但也不能缺少关注。若进行过多的管理，则所花的时间和费用可能超过这些客户本身的价值。因此在一般情况下，C类客户可以按常规对待而不应重视，但还要仔细分辨C类中的某些客户是否能转化到B类或A类，以避免误判而导致损失。当发觉这类客户数量过少时，可以设法加以补充。

在可能的情况下，我们的工作要尽量使所有的客户都满意。如果很困难的话，让所有A类客户非常满意，让B类客户满意，让部分C类客户逐渐提高满意度，这样的客户管理结果也是不错的。

对待不同的顾客群，应采用的服务方式和服务程度都是不相同的，当然这并不是歧视，只是企业发展的一种有效策略。

电话预约，既便捷又实用的预售方式

推销往往是从被拒绝开始的，而被拒绝又是从第一次电话约见客户开始的。通常是等待一会儿电话终于接通了，你才说了几个字，还没把意思说完，对方一句"我很忙，没时间"就把你拒绝了。听对方这么一说，许多推销员的舌头似乎马上变硬，往下就不知该怎么说了。

这是电话营销尴尬中最常见的，如何应对？如果对方说自己没空，你可以说："你好，正因为我知道你很忙，所以才打电话来跟你约个时间。我不会耽误你的时间，只要几分钟就可以了。你看，是明天上午还是明天下午我来拜访你？"如果对方说明天都没时间，那事情也好办，你就可以接着问："那你看是后天还是大后天我过来拜访你？"这样，你就抢占了一个有利位置，因为现在不是见不见面的问题了，而是安排什么时间见面的问题。

有的客户听到你介绍产品，马上就说："我对这个不感兴趣，你找其他公司吧。"遇到这种情况，你可以这么说："你不感兴趣也没有关系，你可以了解一个新鲜的信息，我不会耽误你很多时间，只要几分钟就可以了。你看，是明天上午还是明天下午我过来拜访你？"当然，你也可以这么说："你好，你这么说我能理解，如果我不了解某件事物，我也不会感兴趣的，所以，我想最多占用你几分钟的时间，介绍一下我们的产品，我相信，你真正了解这个产品之后，你会感兴趣的。你看，是明天上午还是下午我过来拜访你？"

一些客户很精明，他不会做你给他出的选择题，也不直接拒绝你，而是说："你先传个资料过来，我们研究一下，再跟你联系。"结果很明显，他是绝不会跟你联系的。作为推销员，你当然不能相信对方会主动跟你联系的。但在这种情况下你也不能鲁莽从事，你应当先判断一下对方是不是在敷衍你。但不论他是不是敷衍你，你都可以这么说："好，我马上发过去，也请你们尽快研究。星期五我正好路过你们那里，就来拜访一下你，听听你的意见。"或者说："好，我知道你事情比较多，此刻就不打扰你了，星期五我再打电话过来。"总之，在这个时候一定要保持一颗平常心，如果对方有意向，约见成功，这当然好，你就可以确定时间地点，进入下一步——面谈。如果对方没有意向，约见失败，这很正常，因为推销有个"大数法则"，不可能人人都有意向，你应该有约见不成功的思想准备。

约见客户的电话，一定要简短，一般不要超过3分钟。你打电话的目标是获得一个约会机会，最重要的是确定与客户见面的时间，你不可能在电话里完整介绍一种复杂的产品，你当然更没必要在电话里跟人讨价还价。在这个时候，最好不要接其他电话或者接待其他客人。正如任何重复性工作一样，你的第二个电话会比第一个好，第三个会比第二个好，依此类推。你会发现你的推销技巧实际上随着推销时间的增加而不断改进。

推销员的推销模式有很多种，各种模式的难度也不相同，打电话约见客户，对推销员来说是个瓶颈。绝大部分推销员业绩难以增长，就是在这一关过不去的。为什么过不了关？因为前面的准备工作没有做好，为约见埋下了隐患。你前面付出的是什么，这一关回报的就是什么，不管是成功还是失败，都是这样的。如果你前面工作准备得好，你就可以减少失败，顺利地进入面谈。实际上，客户所有的拒绝行为只有三种情况：第一是拒绝推销员本人；第二是客户自身有问题；第三就是客户对你的公司或者产品没有信心。拒绝只是客户的习惯性动作，可以说，只有冷静面对客户的拒绝，你才能了解客户的真实想法，作为推销员，应该学会分析客户拒绝行为背后的真正原因。

给客户打电话，如果你说话随便，会让客户产生误会，怀疑你的人品有问题，推销活动就很难继续下去了。比如，有些推销员打电话时，本想给客户留下温文尔雅的印象，于是压低了嗓门，由于嘴与话筒距离较远，电话里声音很小，这样往往会给对方一种冷冰冰的感觉，最后效果与预想的正相反，这就是失败的电话预约。所以，作为推销员，一定要掌握好打电话的基本功。

无论给什么人打电话，只要对方一拿起听筒，你就应该提高语调，用响亮明快的声音先自我介绍："你好，我是某某。"作为推销员，最大的忌讳是打电话用"喂喂"开头，让对方费半天的时间来猜你是谁，这样浪费了客户的时间，更要紧的是给客户不好的印象后，浪费了自己的机会。

无论是初次拜访客户还是拜访自己的老客户,提前电话预约一下是非常好的习惯,便于你安排你的拜访行程,同时也了解客户的时间安排,避免出现客户没时间安排会谈或者用很少的会谈时间来应付你的情形。

找一个最有利营销成功的时间

上门推销必须选择合适的时机。一般来说,如果客户星期日休息的话,那么周一就不宜去拜访。不只是周一,比如圣诞节、复活节、元旦节、感恩节和国庆节放假结束后的第一天上班时间,也不适合上门推销。因为大家都要处理一些内部事务,而且会议比较多。即使你业务紧急,也要尽量避开上午,最多也就是上午电话预约,下午过去与客户面谈。还有,月末各公司都比较忙乱,除了催要货款,一般也不要预约客户。

上门推销还要注意选择合适的时间段。公司上午九点半之前,商场刚刚开门营业,这些时段不宜拜访,因为它们刚上班或刚开门,此时都在做些当天的准备工作。对它们进行拜访比较合适的时间应当是十点到十点半,即商场开门营业一小时后。

如果不打算请对方吃饭,你就不要在上午十一点半之后去拜访新客户;即便是拜访老客户,也要等到下午一点半以后才去拜访,中午独自解决午餐就可以了。但是,如果你想请一些关键人物吃午餐,建立比较密切的关系,那么选择拜访地时间就正好相反。

原则上也要避免在客户下班或商场要关门的时候去拜访，因为此刻对方不可能好好坐下来与你细谈，如果你影响对方下班或关门，对方反而会厌烦你。确实，作为推销员必须要有足够的耐心与客户纠缠，但在对方下班或关门的时候你就不能这样，即使对方脾气非常非常温和，但在这种情况下，他也会毫不犹豫地把你打发走。

如果你想邀请对方一起吃饭，但又想在吃饭前谈点正事，那也不要在刚下班的时候去对方办公室，因为你还要考虑到对方办公室里的其他员工。如果对方是六点下班，你五点半左右去对方办公室比较妥当。

面谈同样也要把握好时间和时机。作为要经常出门拜访客户的推销员来说，每次预约客户的时候，也应仔细考虑一下什么时候见面比较合适，因为一个好的面谈就是成功的一半。有人说爱情最终变为婚姻，是因为在合适的时间、合适的地点，遇到了合适的人。推销也是一样，你要在合适的时间、合适的地点，找到对你的产品感兴趣的人。

很多推销员选择在下午三点左右约见客户。因为，一般来说，下午三点是客户比较清闲的时刻。此外，还有一个重要的理由，那就是一个人一天内的工作通常到了下午三点左右就大致告一个段落，此时人感觉有点疲倦，心情也较松懈，想找个人聊天。如果你在这个时候约他见面，即使他口头上说要考虑考虑，在心里他可能很想跟你聊聊天，舒缓一下工作带来的疲劳。

拜访客户在不同的阶段有着不同的要点，你必须充分把握这些关键点，才能称得上是成功的拜访。比如，在第一次拜访时要给客户留下最佳印象，要注意细节上的礼貌；第二次拜访则要机智灵活地处理与客户之间的沟通，在恰当的时机谈及业务，并争取有所进展。经过长时间的沟通与往来，当你真正实现了与客户的交易时，也不要忘记定期做巡访，既为客户排忧解难，又可以巩固与客户的关系。另外，对拜访时间的选择、对客户冷漠的应对等都是你在拜访中需要不断总结和提升的。

美国大都会人寿保险公司最优秀的业务员布朗在公司的年度总结大会上这样介绍他的成功经验：

"我成功的最大原因就是利用好了拜访客户的最佳时机。在我刚开始从事保险推销的时候，虽然我非常努力地工作，每天不停地打电话给我的客户，登门拜访他们，或者约他们出来见面，但是我的业绩一直不见起色。于是我对自己的工作方法进行了反思，发现问题出在时间上，以前我去拜访客户的时候，并没有特别注意看他们有没有时间。所以我就开始着手了解我的客户的时间分配，掌握他们最有空的时间段，然后在这些时间段去拜访他们。果然，从此我的业绩明显上升。这真是成功在于方法呀！"

我们在与客户沟通的时候，一定要掌握客户有空的时段，因为这样能提高我们办事的成功率。如果我们没有事先了解到客户有空的时段，那可能导致我们自己留出时间准备与客户接洽的时候，客户却告诉我们他没有时间，这样对这个客户的推销事务就耽搁了，而且我们在这次预留的时间里可能就无事可做了，这样造成了时间的浪费。而且在客户空闲的时候与他谈业务，成功率自然会高得多，这也会提高我们的办事效率。

所以，我们不但要利用好我们自己的"内在巅峰时刻"，也要利用好客户的"外在巅峰时刻"，这样我们在推销的时候就能够事事顺利，从而更好地利用时间，做一个高效能人士。

积极回应客户的抱怨与牢骚

客户无端的拒绝、情绪化的怨怒、无理的指责是销售中的噪音，是非建设性、无道理的客户异议和拒绝。"你们产品的质量怎么这样差呀""上次维护你们没做好""我们不需要""我们一直用A品牌，挺好的""今年的预算已经用完了，明年再说吧"，拒绝和挑剔无处不在，"噪声"考验着推销人员的意志。特别是在初始阶段，"噪声"更是极大地影响着销售代表的判断和情绪，甚至对其信心产生致命打击。相当多的销售新手就是因为无法忍受这些"噪声"而最终放弃了美好的销售生涯。

客户是人，而人是感性基础上的理性动物。所以，客户的噪声很少来源于理性的思考，更多是基于感性上的条件反射，是客户当时心态、情绪和彼此亲疏远近关系的体现。这就决定了我们不能以完全理性的态度和方式来对待它，而是要理性分析和思考，发现其感性的根源，然后予以解决。

同时，在分析噪声时要明白噪声本身没有任何意义，有意义的是它下面暗含的意思和指向。"你们产品的质量怎么这样差呀"

（其实故障在合理范围内，只是心存不满）；"上次维护你们没做好"（我因此受了批评了，你们这样维护让我很难做，或者想提醒你"别小看我的存在"）。当客户说没有需求时，原因是多方面的，可能是"我现在很烦，不想理你"，或者是"我不信任你，我凭什么告诉你"，这就需要你根据当时情况细心体会。从噪声中抓住客户的潜台词是困难的，但却是很重要的一步。

由于噪声是非理性的，所以，我们就需要首先从心理上消除其对自身的不良影响，从积极的方向去理解它，而后才能理性地解决这个非理性的问题。简而言之，就是要以平和之心消除对方的浮怨之气，达到互感真诚的境界。

人是有感情的，容易受情绪的影响而做出非理性的举动。客户具有作为甲方的优势心态，因而客户很自然地降低了其对自身情绪的约束，更易产生一些过激言行。在这样的情况下，销售人员就会有很大的屈辱感。现在，在上规模的公司的销售团队里，成员的教育程度和个人素质都较高，特别是电信、IT、咨询等新兴行业，这些行业的销售人员的自尊需求普遍比十年前要强得多，他们相应地更容易产生挫伤感和屈辱，进而会对客户的噪声做出不冷静的回应。这显然容易恶化双方的合作关系。

因此，销售人员需要努力避免过激言行，尽量保持内心的平静，避免刺激对方，心理上做好化解不愉快的准备。

从心理上理解和接受客户不当言行的同时，还需要表现出倾听的姿态，以表现诚恳解决问题的愿望，让客户感觉被重视和受尊重。这一点非常重要。高姿态的表现除了在客户心中树立起销售人员具备专业的职业素养的印象外，更有意义的是表达了你的真诚和责任心，说明你是一个稳重可以信任的人。看着对方的眼睛，认真地倾听，用冷静的语气引导客户说出心中的怨气，这样诚恳的销售人员怎么会得不到客户的接受呢？

事实上，你的确需要仔细聆听，这样才会从纷繁的噪声中收集出解决问题所需要的信息。你确实太需要了解到底发生了什么，到底问题在哪里——是自己做得不好，还是竞争对手做得太好，或者客户自身存在问题。只有掌握了这些信息，你才能思考和分析当前的状况。

"想了解别人，想想自己；想了解自己，看看别人。"换位思考经常被提及，但做到它并不容易。在一个销售进程中，能把话说得很明确的情况实在是太少了。不站在客户的角度思考，而仅凭自己的猜测去推断对方的意图，往往轻则有偏差，重则相反，这样的后果是导致销售人员的行为必然错误。

销售人员换位思考的作用在于，一方面是发现客户不满的深层原因和言外之意，从而达到心领神会的效果；另一方面，换位产生理解，理解客户的难处，从表面的消极言行中挖掘出积极的善意，体会客户的善良本意。

如果你自认和对方在年龄与人生阅历方面存在差距，无法与其换位思考，那么你就需要找到一个可以帮助你站在对方立场上考虑问题的导师。这个导师可以是比你年长的同事，可以是你的上级。

人通常是非理性的，没有人喜欢营销人员对自己说"不"，即使明知或事后认识到营销人员的说法是对的。但营销人员给人留下的是惹人讨厌的印象和让人难堪的感受，这对营销人员进一步开展销售活动是十分有害的。所以，当噪声来临时，作为营销人员的你切记不可直接反驳，即使你知道无法达到客户的要求，甚至客户的观点可能带来严重的后果。

对客户采取迎合的态度是针对客户的无理要求和指责的拖延和淡化，它和认可不同，侧重于对客户的理解，是一种沟通技巧。同时，你需要从心里把"迎合"同"阿谀奉承"严格区分开来，你并没有对谁摇尾巴，而是善意地缓解矛盾，给客户以自省的时间。所以，你没必要感到羞愧，相反在心理上你要感到真诚和坦然，因为你宽容了对方的无知和无理。迎合，正是为了让客户对你产生亲切感，愿意和你沟通。

其实，当客户愿意当面指出你的不足时，恰恰说明他对你还是基本认可的，对你们公司还怀有进一步合作的愿望，愿意为你提供改正错误的机会。你与客户存在认识上的差异，只能说明你们的沟通才刚刚开始，彼此需要建立沟通的方式和渠道，还有信任的基础。

而且你应该相信，随着客户相关工作的展开和接触人员的增多，他们的想法会趋于更加务实，你完全没必要去纠正那些本身会改正的东西。毕竟，人在经历深思熟虑之后总要归于理性。

通过以上的步骤，做好心理准备"忽略过激言行""倾听"收集信息，用"换位思考"理解客户、发掘其善良本意，"迎合"客户创造良好沟通气氛，从而做到有效地回应顾客的牢骚和抱怨，对于维持与顾客的关系非常重要。

将客户的拒绝转化为成交机会

一个销售代表突然来访，对客户来说他就是一位不速之客，因而客户拒绝销售代表是理所当然的。那么，客户拒绝的真正原因到底是什么呢？

在销售的过程中，销售人员碰到客户拒绝的可能性远远大于销售成功的可能性，许多时候，在洽谈刚开始，销售人员就被客户冷淡地拒绝。但这一切并不是客户的错，不可否认，客户拒绝销售员是有很多原因的，许多原因都不是销售人员或者客户能够改变的。但是，大多数情况下，销售人员不适当的销售方式是遭受客户拒绝的关键因素。如果销售人员采用顾问式的销售方式，遭受客户拒绝的可能性将明显减少。现在的问题是，销售人员在遭受拒绝的时候，应当怎么办呢？

研究表明，客户虽然有千万个理由来对销售人员的推销做出拒绝的反应，但根源往往是习惯性使然，就是说客户虽然可能对现状、已有事物并不满意，但对新事物、新方法常有种自然的抵触情绪，由于对新事物并不了解或者不能把握新事物带来的积极变化，因此客户宁可采用现在已经非常熟悉的方式来维持现状。所以，在销售洽谈的过程中，销售人员要清楚的了解客户拒绝的真正原因在哪里。

一般说来，客户拒绝的理由大都可以归结为四种：

1. 不需要这个产品

销售人员经常遇到的拒绝理由就是"不需要"。也许，客户说得对，但事实上大多数"不需要"仅仅是一个借口，或者是客户在故意拖延时间。统计数据表明，将近80%的顾客对他们现有的产品或者服务感到不满意，但却不想采取任何措施去改变现状，85%的客户实际上没有非常明确的需求。客户对销售人员做出"不需要"的拒绝可能是由于销售人员喋喋不休地介绍产品或者服务，或者由于此前某个销售人员惹恼了客户，导致客户把怨气发在此刻的销售人员的身上。不过，值得庆幸的是，尽管"不需要"是客户最经常采用的拒绝方式，但却是最容易避免的拒绝。

良好的推销开场利益陈述能够降低客户的排斥心理，只要你所陈述的内容使客户略感兴趣，那么就有了打开成功大门的钥匙。当然，客户的"不需要"有时是真实的，这种情况下想要避免被拒绝，几乎是没有希望的。作为一个销售人员，尽量利用多种手段充分了解客户，才能有效地辨认顾客是"真不需要"还是"假不需要"。

2. 不着急改变现状

是不是经常遇到这样的情况：你与客户坐在一起商谈，相处得非常融洽，商谈在非常轻松的气氛下进行，你能感受到彼此之间的相互信任。客户非常清楚自己的需要，双方几乎就要达成交易，然而，在最后的关键时刻，客户提出让我们修改一下方案或者要求给一点时间再考虑一下，然而从此之后，这件事就再无消息了。

这种情况最让销售人员感到沮丧，眼看订单已经落在自己口袋里了，谁知最后煮熟的鸭子竟飞走了。在销售的整个过程中，最紧要的是时刻保持紧绷的神经，不要因为过程比较顺利而放松了神经。同时，销售人员应该尽量使客户保持比较强烈的需求感。

3. 现在没有资金

遭受"没钱"的拒绝实在让人苦恼，销售过程最终达成的最大难点就在这里。但是你有没有这样的经历：如果你仅仅是一点皮外伤，你绝对不会花很多的钱，找很好的大夫来给你治疗。但是如果你患上很严重的病，你绝对不会在乎花多少钱才能请到好大夫（当然是在力所能及的范围内）。这个道理告诉我们，如果需求是强烈的和必需的，"没钱"的借口就不成立了。这给我们的启示是不要被客户"没钱"的借口所迷惑，如果出现这种情况，只能说明你在介绍你的产品或者服务的时候，忘记了启发客户的需求。

所以，在销售洽谈的过程中，最初的几个阶段最为重要，在帮助客户进行需求分析的时候，一定要让你的产品和服务给予客户强烈的需求感，无论这个需求是真实的还是虚幻的。只要做到这一点，价格的问题就显得不重要了，而且你的报价，在他们看来会变得相当合理。

4. 为什么与你合作？

如果客户用这样的问题来拒绝你，那么，奉劝你最好将精力转移到其他的客户身上。"不信任"意味着客户已经决定购买新的产品或服务，但是他不想将这个订单交给你，当然最好的情况是他不确定是否应该交给你。

"不信任"拒绝的发生是由于在许多行业中缺乏销售培训，假如销售人员所做的只是把产品和服务简单地灌输给客户，只会使客户离你而去，转而与你的竞争对手签订订单。而与之相反，如果你以参谋和顾问的方式推进销售过程，那么就能赢得客户的信任。当你仔细研究客户业务的时候，客户就会增加一分信任；当你不仅理解了客户的需求，并根据客户的需求提出相应的解决方案的时候，客户就愈加信任。所以，避免客户"不信任"拒绝的关键就是从一开始就建立起真正为客户着想的印象。

许多销售人员在遭受客户的拒绝之后，往往就会心灰意冷，转向其他客户。但是，其实在很多情况下，客户的拒绝是可以挽回的。那么怎样挽回呢？客户会有很多种借口来拒绝销售人员，在遭受拒绝的时候，一定要想办法寻找客户拒绝的真相。当然这不是一件容易的事情，但还是有一些经验可以借鉴。

首先，在客户提出拒绝的时候，作为销售人员第一反应应当是怎样通过提问了解客户拒绝的原因。当然，客户通常不会告诉你真正的原因是什么，但是销售人员可以通过客户的回答推断出真正的原因，比如客户说："你的这个方案不适合我们公司的情况"，销售人员紧接着问："你可以告诉我这个方案的哪些部分不适合你们公司吗？"销售人员提出的问题越多，客户回答得就会越多，在不知不觉中，你就可能已经化解了客户的拒绝。当然还是要把握当时的情况，如果一味不停地提出问题，也会有极大的可能会激怒客户。

其次，要避免快速的反应造成客户的误解。销售人员在接触客户的过程中，经常会碰到相同的拒绝方式或者原因，经历的多了，销售人员会在不知不觉中养成了回答统一的习惯，甚至在不了解客户的真正意图之前，就迫不及待地做出解释，这会让客户认为你并不认真听取他的问题，所以，要仔细聆听客户的述说。同时，在客户提出较为尖锐和棘手的问题时，多给自己一些思考和应答时间，使客户认为你是在仔细地考虑怎样帮助他解决问题。

最后，在回答客户问题的时候，尽量简洁，不要花费太多时间。如果你总是喋喋不休地讲述一个问题，客户就会认为他提出的问题切中要害，而你却很难给予准确的解决，从而降低客户对你的信任。

掌握以上几点，你就会发现将客户的拒绝转换成机会的可能性显著增大了。

让女人乐意消费，让男人乐意花钱

女人和男人的消费习惯是不一样的，消费心理也是不同的，在向她们进行销售的时候要结合性别特点，有针对性地推销产品，才能取得更好的效果。

在商品房售楼部经常可以看到这样的情景：夫妻买房，丈夫一般只简单地询问地段、物业、开发商等要素，剩下的沟通完全在售楼小姐与妻子之间进行，诸如折扣、绿化、配套设施、户型等细节问题。这样的场景也较多见：一些未婚的女孩来到售楼处，问房价、看户型，都十分专业，甚至和售楼小姐拿出较量的架势要求给予最大折扣。

由于女性消费者在家庭中的地位及从事家务劳动的经验体会，使她们对商品的关注角度与男性有所不同。她们在购买生活日常用品时，更关注商品的实际效用，关心商品带来的具体利益。商品在细节之处的设计优势，往往更能博得女性消费者的青睐，如家庭洗涤剂精巧的喷头设计、家用微波炉搭配的专用器皿、多用途的家庭刀具等。她们在购买商品时的反复询问，使人明显感觉到女性消费者的细心。

一名导购为一位体形丰满的少妇选内衣，让顾客进试衣间试穿。少妇试穿的几款内衣，有厚模杯的，也有薄棉杯的，可试穿后少妇说没有一件是合身的：不是紧了压胸，就是肩带滑落。

这位导购员犯了常识性的错误：第一，没有给顾客量身，不清楚客人准确的尺码；第二，选的几件内衣尺码可能不对；第三，选择的文胸类型不对，厚模杯大多适合胸部较小的女性，而这位客人明显不适合穿这种杯型的内衣。由于导购员的不专业，导致客人扫兴离去并错误地认为该品牌内衣根本不适合她，这位客人从此与该品牌无缘了。

这一案例说明该导购员并没有找准每一件内衣的真正顾客群，没有处理好每一个细节，而女性消费者是十分注意细节的，这导致了该导购员最终的失败。

女性消费者心思细腻，追求完美，因此对商品比男性更注重细节，通常会花费更多的时间在不同厂家、不同产品之间进行比较，更关心商品带来的具体利益。现在消费者的购买心理是同样的产品比性能，同样的性能比价格，同样的价格下比服务，甚至一些小的促销礼品和服务人员热情的态度都会影响女性消费者的购买决定。这就要求商家对商品的细节做到尽善尽美，避免显而易见的缺陷。

既然你的目的是女人的钱包，就需设身处地、真心真意地为女人着想，关心体贴女人，看看她们喜欢什么、需要什么，再进行有针对性的销售，那么就不愁女性会来购买了。

一直以来，"男人挣钱女人花"这样的想法使很多人视"女士走进商场，男士出去挣钱"为理所当然。然而，时代已经变化了，虽然现在女士们仍然是商家追逐的目标，但随着男性消费群的增加，以及男性消费者观念的变化，曾经被忽视的男性消费市场如今正逐渐受到关注，许多商家已开始转变观念，将目光投向充满潜力的男性消费市场。

男性消费者和女性消费者有很大的不同，商家只有充分了解男性消费者，才能赢得他们的"芳心"。

男性消费者相对于女性来说，购买商品的范围较窄，一般多购买"刚性需求商品"，注重理性。他们不易受商品外观、环境及他人的影响，注重商品的使用效果及整体质量，不太注重细节。

男性善于控制自己的情绪，处理问题时能够冷静地权衡各种利弊因素，能够从大局着想。这些个性特点也直接影响他们在购买过程中的心理活动。男性的逻辑思维能力强，并喜欢通过网络、杂志等媒体广泛收集有关产品的信息，决策迅速。男性有强烈的自尊心，购物时不像女性那般计较价格。由于男性本身所具有的攻击性和成就欲，所以男性购物时喜欢选购高档、气派的产品，而且不愿讨价还价，忌讳别人说自己小气或所购产品不上档次。

因此，男性消费动机的形成要比女性果断迅速，并能立即带来购买行为，即使是处在比较复杂的情况下，如几种购买动机发生矛盾冲突时，也能果断处理，迅速作出决策。特别是许多男性不愿计较价格，购买商品也只是询问大概情况，对某些细节不予追究，也不喜欢花较多的时间去比较、挑选，即使买到稍有毛病的商品，只要无关大局，也不去计较。

就普遍意义讲，男性消费者不像女性消费者那样，经常料理家务和照顾老人小孩，因此，购买日常用品活动远远不如女性频繁，购买动机也不如女性强烈。在许多情况下，男性消费者购买动机的形成往往是由于外界因素的作用，如家里人的嘱咐、同事朋友的委托、工作的需要等，动机的主动性、灵活性都比较差。我们常常看到这种情况：许多男性顾客在购买商品时，都会事先记录好所要购买商品的品名、样式、规格等，如果商品符合他们的要求，则采取购买行动，否则，就放弃购买动机。

根据玛格丽特的男士市场营销实践，发现男性消费现实得异常乏味。男性被某件产品所吸引，一定是因为它的功能和性能，而不会是因为它独特的设计和舒适性。所以在向男顾客介绍产品时，一定要从大处着眼，强调商品的整体效果、功能及实用性。

促进今日交易，以防顾客反悔

促成交易是销售人员将潜在客户转变为客户的一个重要过程，也是销售人员付出此前长时间的一系列活动后希望得到的结果。从完整的销售流程来看，促成交易是销售过程的最高和最后阶段。

研究结果表明，潜在客户在最终作出购买决定时，往往会通过一些非语言的行为符号表现出来，若此时销售人员能及时、准确地识别潜在客户的购买信号，抓住时机就能有效促成交易协议的签署，并最终达成交易。大量的销售实战案例证实，潜在客户在作出最终的购买决策后通常会发出如下几种明显的信号：放松身体、微笑着征询购买建议、快速地浏览订单，如果有样品，则可能对样品进行检查或把玩等。

要想促成今日交易，避免顾客反悔，就要学会促成交易的方法。当顾客一再出现购买信号，却又犹豫不决时，可采用"二选一"的技巧。比如，推销员可对"准顾客"说："请问你要那部浅灰色的车还是银白色的呢？"或是："请问是星期二还是星期三送到你办公室？"，此种"二选一"的问话技巧，只要顾客选中一个，其实就是你帮他做决定，下决心购买了。

许多"准顾客"即使有意购买，也不喜欢迅速签下订单，他们总要反复比较和选择，在产品颜色、规格、样式、交货日期上不停地斟酌。这时，聪明的推销员就要改变策略，暂时不谈订单的问题，转而热情地帮他们挑选颜色、规格、样式、交货日期等，一旦上述问题解决，你的订单也就落实了。

我们知道，越是得不到、买不到的东西，人们越想得到它、买到它。推销员可利用顾客的这种"怕买不到"的心理来促成订单。比如说，推销员可对准顾客说："这种产品只剩最后一个了，短期内不再进货，你不买就没有了。"或："今天是优惠价的截止日，请把握良机，明天你就买不到这种折扣价了。"

当"准顾客"想要买你的产品，可又对产品没有信心时，可建议对方先买一点试用看看。只要你对产品有信心，虽然刚开始订单数量有限，等到对方试用满意之后，就可能给你大订单了。这一"试用看看"的技巧也可帮"准顾客"下决心购买。

也可以采用制造假象的方法，有些"准顾客"天性爱犹豫，他虽然对你的产品感兴趣，可就是拖拖拉拉，迟迟不作决定。这时，你不妨假装收拾物品，做出要离开不卖的样子。这种假装告辞的举动，有时会促使对方下决心购买。

有时也可以使用"反问式"的回答。所谓"反问式"的回答，就是当"准顾客"问到某种产品、不巧正好没有时，就得运用反问来促成订单。举例来说，准顾客问："你们有银白色电冰箱吗？"这时，推销员不可回答没有，而应该反问道："抱歉！我们没有生产，不过我们有白色、棕色、粉红色的，在这几种颜色里，你比较喜欢哪一种呢？"。

在尝试上述几种技巧后，如果还不能打动对方，你就得直接要求"准顾客"签订单。比如，取出笔放在他手上，然后直截了当地对他说："如果你想赚钱的话，就快签字吧！时间不等人的。"

Chapter Ten
第十章

送给学生朋友，
好规划
带来好成绩

现实中，我们经常会遇到一些学生因为不了解自己的性格、兴趣爱好、特长，因此不知道如何选择日后的职业。生活中，我们也常听孩子们说出雷同的理想："我长大后要当一名医生""我长大后想当科学家""我长大后想当明星""我长大后要做教师"……这些看似是理想，但更多的只是孩子们受大人影响喊出的一个口号，而不是他们内心真正的向往。许多孩子并没有自己真正的理想，这对孩子将来的发展来说，是一件非常不利的事情。

每一个社会人都明白，并不是有好分数就可以上好大学，上好大学就可以有好工作。作为青少年，有些问题我们自己应该认真思考一下，比如：你对什么最感兴趣？你最希望将来从事什么职业？让你的理想变成现实，需要做哪些努力？你做好了实施方案吗？你感觉到自己的进步了吗？多问问自己，你会更清楚地认识自己，认识理想和目标，学会做决策和选择。这样，做好了学习规划，你才能取到好成绩。

学习同样需要善于规划

　　学习必须要有激情和斗志，但仅有激情和斗志是不够的，还要有科学、系统的方法。大家都知道一个医学上的名词，叫作亚健康状态。其实学习上也有这种情况，可以称之为"亚学习状态"。处于"亚学习状态"的同学，学习效率很低，时间长了，他们就容易成绩落后，这直接影响学习的积极性和自信心。我们必须从亚学习状态中摆脱出来，而重要的方法就科学地、有计划地学习。

　　对学习行为要进行科学规划和管理，也就是实行计划学习。计划学习就是对整个学习过程和学习策略进行管理，从而实现对学习进行自主计划的方式，也就实现了有效的自我管理。学会了计划学习，就学会了自己安排学习和生活，就能做到劳逸结合，也就学会了自我控制和自我管理，这是了不起的成绩。

　　计划是为实现目标而采取的方法、策略，就像打仗一样，人们的目标是要打败敌人取得胜利，但是如何才能打败敌人实现这个目标呢？这就需要根据敌我双方的情况做一个比较，然后再进行策划、计划，这样才有实现目标的可能性。所以，只有目标，没有计划，往往会顾此失彼，或多费精力和时间。

教室是学习的主要场所，老师指导下的课堂学习是制定一切学习计划的出发点和落脚点。老师讲课之前要做好预习，预知重点、难点，听起课来自然轻松，而且容易消化、吸收。老师讲课要注意做好笔记，记笔记要结合预习记重、难点。听课之后要复习，及时复习效果更好。先复习再做作业，做练习不要贪图快速，那样对知识的复习、巩固有害处，对自信心也会有影响。做题之后要有反馈，尤其是对做错的题要回头找原因，查课本翻资料请教老师，只有这样才能事半功倍。

学习计划中的重点是日计划，次重点是周计划。这就如同下棋，能看一步棋的是庸才，能看两步棋的水平已经比较高了，能看三步棋的就可以称为高手了。我们的目标就是让自己具备制定月计划的能力，一步一步接近学习上的"高手"。

计划学习的最高境界是什么？是不需要写在纸上直接就在大脑中产生相应的计划，有了临时的变化能够自然生出有效对策，在别人看来，就好像没有计划。

一个农夫决定趁还没下雪前上山砍柴。到了山上，忽然想起自己脚上的草鞋很陈旧了，于是匆匆忙忙地赶回家编织了一双新草鞋，忙完草鞋检查斧锯，发现斧子太钝，锯子已锈，于是又下山去铁铺购买新斧子和新锯子……等一切准备妥当准备再次出发时，大雪已经封山。这时，老农抱怨道："天气怎么这个时候变坏了呢？！"

其实这个农夫的问题不在于运气的好坏，而是他在确立目标时没有一个完整的计划。他的目标是在大雪封山之前完成砍柴的任务，鞋子的新与旧并不重要，斧子太钝、锯子已锈可以自己动手磨快，并不需要购买新的。正是由于农夫一系列偏离目标的思考和决定，导致了砍材目标的落空。人生目标的追求与实现也是同样的道理。

愚者设立过人生目标，可是他没有排定优先顺序，因此他的时间管理不当，常在同一个时间里做很多的事情，结果效率不佳，原因就在于他没有对目标做出合理的规划。

所以，我们在工作和生活中，要像智者那样，当有了目标之后，就制订出一个详细的计划，依照优先顺序排列好事务，这样会使达到目标的概率大幅度提升，这是每个成功者所做的事情。

为下一周制订详细的学习计划

你是否正被日益繁重的学习任务压得喘不过气来？你是否感觉自己整天忙得焦头烂额？你是否抱怨自己根本就没有娱乐时间？如果是这样，你是否知道为什么你总是处于这种状态？其实最根本的原因是你自己，因为你没有为自己制定一个详细的学习计划。

Hase-Schannen研究机构通过研究得出结论，制订计划将在很大程度上提高目标实现的概率：制订计划的人实现目标的概率是不制定计划的人的3.5倍。在成功实现目标的人当中，事先制订计划的人的比例高达78%，相对于未制订计划的22%高出很多。

要确保达到目标，就必须制订计划。事实证明，拿出足够的时间来做计划，效果惊人。其实，商界大亨亨利·杜哈蒂早就说过："我只做一件事——思考和安排工作的轻重缓急，再制定详细的计划，其余的事情完全可以雇人来做。"与之相比，大多数普通人没有养成制订计划的习惯，要么是只按照别人说的做，要么是自行很随意得做。

制订周计划之前，一定要把下周的工作思考清楚，把重点提炼出来，先把重点放到计划当中，再把其他不太重要的事情放到计划当中，这样做的结果就是：突出了要事第一的原则，又不会忘掉其他的事情，保证工作全面性的同时又不失重点。

制订合理的周计划

* 罗列下周需要做的所有事件

* 提炼重点事件

* 按照 20/80 原理优先安排重要事件

* 合理安排不重要事件

时间分配表格

栏目一： 列出你在一周内花在以下活动的时间		栏目二： 每天你在以下活动中花多少时间？你可以在时间后乘以 5 或 7 来预估自己一周内花在以下活动上的时间。	
上课时间		交通时间（×5）	
复习时间		用餐/准备伙食时间（×7）	
工作时间/实习时间		卫生清理（×7）	
义工时间		睡眠（×7）	
运动时间			
定期进行的活动			
社交时间			
家　　务			
其　　他			
总计 A：		总计 B：	
A+B=C；小时			
一周有 168 小时。168-C=			
腾出的时间：(168-C)=			

评估你的时间管理：

你预定分配多少时间去完成以上计划？

你的时间分配是根据按优排列的原理吗？

你可以再调用你腾出的时间来完成你的任务吗？

面对学习的压力和挑战，详细合理的周计划可以使你保持轻松、积极的精神状态，既可以大大提高学习效率，又可以提高生活质量。

当然，计划做得再好，不执行也是空话。制定切实可行的计划，然后付诸行动，这就是成功者的秘诀之一。

调好生物钟，找准自己的精力时段

每个人在一天中都有精力最为集中也最为旺盛的时间段，在这段时间里做事情的效率非常高，而且有许多难事在这段时间里也似乎不是难题了。抓住那些用于学习的最佳时间，你就可以取得双倍时间的效率，突破你学习上的难点。

人是一种生物，因此必须按照自然规律办事，取得良好成绩的关键是你能否抓住那些用于学习的最佳时间，每个人的生物钟都不一样，所以必须根据自身情况而定。例如，有人是早上比晚上学习效果好，而有些人则正好相反。在精力充沛的最佳学习时间，你们若能集中精力，在记忆力最好的时段内学习，即使是短短半小时也能有大收获；若在自己最低潮时学习，效率非但不能提高，反而会下降。

但是，对于你和你的同学来说，因为你们必须按照学校的作息时间上课，所以采用昼夜颠倒的学习方法是不可能的。你们必须调整自己的生物钟，养成按学校正常作息时间读书、休息的好习惯，否则就会耽误功课。你可能有这方面体会：寒暑假期间，你通常每天看书或看电视到很晚，早上过了10点才起床，假期结束后，开学的第一周，学校的节奏让你的学习生物钟非常不适应，让这第一周过得很痛苦。

对每一学生来说，即使是在正常作息时间之内，也有最佳学习时间的区分。据研究证明，一天之中学习功课的效率以上午10点至下午3点最佳。以多项加、乘等运算对记忆力进行测验，证明这个时段所得的成绩最优，统计数字显示，上午8点的平均分数是100分，10点高达106分，下午1点降至98分，3点又回升为103分。所以，你应该抓住这一最佳学习时间，投入在这个时间段会取得更好的效果。

聪明的你一定注意到了在上午10点至下午3点这段时间里，下午1点是个低潮。因此，在这个时间点午睡是更佳的时间管理方法。因为人脑功能的特性是与睡眠直接相关的。大致来说，一天之中，从清晨到晚间的各个时段内大脑的精神状况都有差异，但若中间有一次午睡的休息过程，则可以恢复大脑因上午用功而损耗的能量，因此，午睡绝对是有必要的。利用好午睡，可使头脑在上、下午保持同样的清醒状态，一天内产生两个学习高潮。即使无法午睡，也要利用这段时间好好休息一下,以达到放松神经和心情的作用。

明白了这个规律,在为第二天制订计划时,就可以找准精力最佳的时段并充分利用,从而提高时间的利用效率。

统筹规划作息时间,为次日做好详细安排

有些学生的习惯是先做几道数学计算题,厌烦了再进行阅读,如果累了就看一会儿电视,结果一晚上下来,什么东西也没学到。也有些同学认为晚上学习效率高,熬到三更半夜,导致第二天身体疲惫,精神不集中,严重影响了第二天白天的学习效率。这些做法都是不可取的,正确的学习作息时间规划应遵循如下原则:

首先,要充分利用白天的学习时间,因为白天精神状态好,记忆力强,思维活跃,白天一小时的学习效率相当于晚上的一个半小时。同学们每天上课前应在头脑中做一个简单的学习计划,给自己订一个小目标,防止无目的地听课。课前把学习用品准备好,对所学知识作一下简单预习,上课时有重点地听课。

还有,不要只注重整段时间,而忽视零碎的学习时间。如果能把握住每次那零碎的一两分钟,长期积累下来会有惊人的效果。灵活利用挤出来的时间,如课前、课后、乘车时间,来记几个公式,完成一些学习上的小任务,可以把富余的大段时间留给课外的提高练习。

其次,要统筹安排课外学习时间,分清各项学习任务的轻重缓

急。可采用ABC时间分类法，将学习任务按轻重缓急分为A(重要)、B（次要）、C（一般）三类。重要的事情要先做，如当天的作业和课堂知识的复习与巩固；次要的事情，包括课外阅读或预习等，可随后处理；一般的事情，如超前自学新的课文，可以按照所剩时间的多少来灵活处理。如基础很差，就不必急于加做课外补充练习了，应该把主要精力放在巩固所学知识和弄懂课本内容上。但如果作业很轻松就完成了，就应该多做一些提高能力、发散思维的课外习题。

此外，在学习时间安排上，有一个著名的公式：8-1＞8，意思是从8小时中拿出1个小时进行体育运动、娱乐或休息，表面上只学习了7个小时，但由于精力充沛，其效率远高于连续不断地学习8个小时，这就是我们常说的学习要注意"劳逸结合"。在劳累、精力不集中、有厌倦情绪时，就要停下来休息一下，或者做一些文体活动，这样才能使自己头脑保持清醒，以充沛的精力做下一件事。

具体来说，我们把上面的原则落实到学习时间安排上，需要经过五个步骤：

第一步，列出每日必须进行的各项活动，如上课、写作业、睡眠、吃饭、上学、放学、体育锻炼、休闲活动等。

第二步，根据自己现在的生活习惯，安排好各项活动的顺序，如起床、洗漱、早餐、上学、上课等。

第三步，测算各项活动的时间长度。你可以观察和记录自己近期做每一件事情所花费的平均时间作为参考。

第四步，根据劳逸结合、科学用脑，以及交叉安排、高效学习的原则调整各项活动的顺序和学习时间安排。最基本的思路是：1.两项学习活动中间应安排生活、劳动等其他活动；2.学习时间比较长（90分钟以上）时应该安排两门课程（最好是文理科）间插入复习或者两种方式（阅读和解题）间插入学习。

第五步，根据效果调整作息时间表。适合自身情况的作息时间表都不是一次形成的，我们需要根据每日作息时间表的执行情况，调整各个项目的顺序或者是时间长度，直到找到一个符合自身情况的作息时间表为止。

学习中也应有休息和适当的娱乐，这样才科学

学习之外的时间包括休息时间，休息是为更有精力的学习做铺垫的，要把学习时间和休息时间明确地区分开来，一定要有一个界限。如果时刻想着学习任务，就会给我们带来无形的压力，这样既不利于身体健康也不利于学习。

但实际上，很多学生每天的日程都被学习内容排满了。比如假期尚未开始，五花八门的暑期培训广告就冲着学生迎面而来，舞蹈、绘画、写作、游泳、网球、钢琴、电子琴……家长们则很容易被打动，并为孩子挑选、联系、报名。暑假开始后，这些培训班迅即火爆；与此同时，一些有关记忆力、口才的培训班更受青睐。

到了假期，学生们本该放下沉甸甸的书包，长舒一口气，放松一下紧张的心情，缓解一下疲惫的身体了，但实际上等待他们的是

同样紧张的"第三学期"。教育部门公布的一项调查结果显示，当前学生体质方面存在的突出问题，与锻炼不够、睡眠不足和精神紧张等因素密切相关!

人同样要遵循能量守恒定律，一味地追求学习，导致体力、精力透支，是得不偿失的。而假期就是为学生提供的一个休闲、缓冲的时段，假期里更好的休息，是为了明天有精力取得更好的成绩。

常规时间的学习日程也是一样，不应太满。学习对脑力消耗非常大，所以不要长时间学习，要适当地休息。而且在安排学习计划时，不要长时间地从事单一的学习活动，学习和体育锻炼可以交替安排，因为锻炼时运动中枢兴奋，而其他区域的脑细胞就得到了休息。比方说，学习了两三个小时，就去锻炼一会儿，再回来学习，效果会更好。

美军陆军守则里有这么一条："记住，你不是超人。"意在警告那些年轻的陆军士兵们不要被好莱坞大片欺骗，以为自己也可以当一回"孤胆英雄"，冒着生命危险去做一些非人力所能为的"奇迹"。在学习中，每个学生也要明白："你不是超人。"只有休息好才能学习好，长时间超极限的学习活动会将你从身体上击倒。

马歇尔是英国著名的经济学家，现代西方经济学的体系是在他手里形成的，他还获得过诺贝尔经济学奖。马歇尔有一个很特别的习惯，每个周末他都会徒步到附近的山区旅行，白天不停地走路，晚上躺在帐篷里休息，再静静地思考经济学方面的问题。这一习惯使得他能始终保持旺盛的精力和强健的体魄，最终成为一代经济学巨匠。

生活中我们应学会休息和娱乐，来调节学习压力。如果缺乏休息，会因长期的疲劳而患上重大疾病，这和我们提倡的管理时间的目的相悖。有时应根据自身特点找出合适的娱乐休闲方式，如听歌、运动、旅游等，在活动中让我们的身心得到放松，从而能更好地投入到学习中。

出拳之前先缩拳，为什么？因为想让出拳更狠一些。同样，学习不是死东西，人不能学得太死，会休息的人才更会学习。所以，不要把日程排得太满，学习后适当放松自己，是学习的一种智慧。

准时起床，养成良好习惯

睡眠是人体必须履行的一项生命活动，科学上说，人的睡眠充足即可，起床后便会身体轻松，头脑清醒。如果睡眠过度，反而有损健康。

根据准确的观察、测定结果，青少年每天若有6.5~8小时的良好睡眠，91.7%的人可解脱倦意、恢复体力。有些人简单地以为，处在发育期的青少年多睡些，有益于脏器的发育及身心健康，他们的机体的生物活力能增强，人也会长得更高、更结实。日本保健专家则指出：上述观念是错误的，也是常常被家长们作为"袒护"子女睡懒觉的理由，因而是十分有害的。一个正常的青少年，经常赖床超过10小时，非但不会增添精神，反而会造成以下问题：

1. 睡懒觉会打乱人的生物钟规律

人体正常的内分泌及各种脏器的活动，有一定的昼夜规律，这就是是生物钟。这种生物规律调节着人本身的各种生理活动，使人在白天精力充沛，夜里睡眠安稳。如果平时生活较规律而到假期睡懒觉，会扰乱体内生物钟规律，使内分泌激素出现异常。长时间如此，会造成青少年精神不振，情绪低落。

2. 睡懒觉会影响胃肠道功能

一般早饭在7点钟左右，此时前一天晚饭摄入的食物已基本消化完，胃肠会因饥饿而引起收缩。睡懒觉的人宁愿饿肚子也不愿早起吃早饭，时间长了，易发生慢性胃炎、胃溃疡等疾病，也容易引发消化不良。

3. 睡懒觉会影响肌肉的兴奋性

经过一夜的休息，早晨肌肉较放松。醒后立即起床活动，可使肌肉血液循环加剧，血液供应增加，从而有利于肌肉纤维的增粗。而赖床的人肌肉组织长时间处于松缓状态，肌肉修复差，代谢物未及时排除，起床后会感到腿酸软无力，腰部不适。

4. 睡懒觉还会影响记忆力，降低学习效率

早睡早起是一种良好的生活习惯，即使是节假日也要保持正常的生活规律。

5. 睡懒觉易导致肥胖

时常赖床贪睡、不注意合理饮食（指摄入大量的肉食和甜食）、不爱运动，这是导致人体肥胖的三种主要原因。因为这三种情况下，能量的储备大于消耗，使得脂肪会大量产生、堆积从而导致肥胖。肥胖造成的潜在危害是很大的。欧美流行病学的调查发现：成人时期出现的心脏病、高血压、乳腺病、糖尿病、肢体畸形等病症，与青少年时的生活陋习相关，其中贪睡占了很大比重。因此，有肥胖趋势的青少年，务必要多戒睡意，配合运动、饮食等方法，恢复健康的身材和良好的精神面貌，切勿使自己成为一个爱睡懒觉的小胖子。

另外经研究还发现，赖床还会让人神思恍惚、漫无边际地胡思乱想。起床后表现为头脑昏沉，浑身无力，心烦意乱，什么也不想干。据分析，这可能是因为赖床"用脑"，消耗了大量的氧气、血糖、蛋白质、卵磷脂等能量要素，以致脑组织出现暂时性"营养不良"，不能正常工作。

青少年的身体正处于兴旺发达之时，约96%的组织器官仍在"建造"中，因而要更加爱护。赖床不但"践踏"了青少年的身心，而且它消磨光阴、浪费了清晨宝贵的健身和学习时间，实在是阻碍青少年各方面良性发展的一块绊脚石。

时间管理要求我们一定要养成良好的按时起床的生活习惯，使自己保持朝气蓬勃的精神面貌，并且身心健康。

决战早晨，把握一日之际

近年来，日本兴起了时间管理新概念，一种叫作"晨型人"的新人种，正迅速掀起风潮。"晨型人"的主要概念就是：你的未来，决战早晨。

当时间管理的理论被应用到极致之后，我们还是觉得时间不够用，此时，时间管理的新战场，就开始向早晨延伸。麦当劳加拿大地区的总裁本杰明观察发现：全球化时代，24小时里都有人在工作，麦当劳的营业时间也延长为24小时，其中业务增长最快的时段就是早餐时间，5年来营业额累计增长25%。本杰明用数字证明：近年来的确有越来越多的人早起投入工作。

日本NHK文化研究所的《国民生活时间调查》揭示：根据2000年到2005年的统计数字，日本上班族在早上四点半到八点半之间开始工作的比例有逐年增加的趋势。

时间管理正往早晨延伸，而对我们青少年学生来说，更应该把握好早晨的大好时光。

朗读是眼、耳、脑、口等多种器官相协作的过程，便于集中我们的注意力，训练我们的思维，激发我们求知的欲望。朗读对于学生语感的培养，文学素养的形成，以及写作能力的提高都是关键性的。文学的学习有助于提高学生的人文素养，但人文素养的提高主要是靠熏陶感染、潜移默化，而不是靠人为的灌输。通过早读来满足这一要求，是一条有效的途径。

开设早读课来提高学生的文学素养，在很多国家的中小学校里很普遍。但有些同学却认为早读气氛沉闷、内容单一、形式枯燥，因此对早读毫无积极性，有的同学甚至把老师的早读课当成睡"回笼觉"的黄金时间。这些同学没有意识到早读的重要性，浪费了记忆力最好的晨读时刻，非常可惜。

那么，为了充分有效地把握好早晨的时光，存在上面所说情况的同学应这样改善自身：

1. 明确早读的内容

提前做好计划，明确每一次早读的内容。早读范围广泛，但因为时间限制（通常是40~45分钟），所以早读量的安排要适宜，保证学生在规定的时间内能完成早读任务。

2. 明确早读的要求

根据不同的早读内容，我们要明确早读的要求，如泛读了解、熟读领悟、背诵默写等。早读的要求要切合自身实际，不宜定得太高，要确保自己能完成，从而使自己能够体验到完成任务、达到目标时的成就感。

3. 大声朗读

对文学学习来说，大声的朗读是必要的。读是思的凭据，是悟的前提，是说的储备，是写的基础。它所获得的信息会比听更主动、更活泼，也更能激发学习的兴趣，提高对语言美的感悟与理解能力。

4. 自我检测

和自己订立一个早读效果的协定，使自己对早读产生原动力。

除了晨读之外，早晨还是锻炼身体的好时间。早晨空气好，科学地晨练能改善神经系统功能，通过晨练，还可以提高中枢神经的机能水平，使大脑皮质的兴奋与抑制的转换能力提高，也可以消除疲劳，使头脑清醒。此外，早晨锻炼身体还能舒展筋骨、促进血液循环，对增进食欲、改善机体对氧气利用的功能都会大有好处。

早起，一起来晨读或晨练。决战早晨，把握一日之际，培养并形成自己良好的精神面貌、健康的生活方式以及良好的学习习惯，给自己带来更多的激情与活力。

提前预习功课，提高课堂效率

一些同学错误地认为，课前预习没有必要，因为老师上课时要讲，只要上课专心听讲就行了，何必事先多做准备浪费时间。应该说，这是一种错误。事实上，许多同学在学习上花费了不少时间，但忽略了课前预习这一环节，学习成绩始终不理想。

一位中学生说："以前老师就向我们提出过预习的要求，但当时我和许多同学一样，没把预习放在心上，觉得老师上课时要讲，课前是否预习没多大关系，就没有预习的习惯。现在，我明显地感到我的各门功课学得不扎实，往往上课时听懂了，下课就忘了，学习上很被动。这是什么原因呢？我仔细思考，发现重要的原因是我没有预习。"

可见,预习对同学们的学习非常重要。预习的作用表现在以下几个方面:

1.提高听课效率

通过预习,可以发现自己的薄弱之处。这样,听课时便可集中精力去听那些自己没弄懂的部分。听课变得更有针对性了,就能够抓住课堂学习的重点和难点。

2.更好地做课堂笔记

如果课前不预习,上课时,老师讲什么就记什么,盲目地记笔记而顾不上听课。经过预习,记笔记时就有了针对性,选择那些书本上没有的、老师另外补充的内容以及自己预习时没能理解的部分去做笔记,这样可以节省大量时间用于思考问题。

3.预习可以培养学生的自学能力

预习相当于一种自学。预习时,要独立地阅读和思考,用自己的方式去发现问题、解决问题,独立地接受新知识。在这个过程中,学生们的自学能力会逐步提高。

4.预习可以巩固学生对知识的记忆

学生在预习时,对知识已经做了独立思考,听课时可以进一步加深理解,这样就比单纯依靠听课获得知识效果更好。

预习之所以有这么多的良好作用，从心理学的角度说，是因为在预习过程中，发现疑难点，从而在大脑皮层上引起了一个兴奋中心，即高度集中的注意力状态。这种注意状态加深了学生对所学知识的印象，并指引着学生的思维活动指向疑难问题，从而提高了学习效果。

所以，大家都应该养成预习的好习惯。在制定时间计划表的时候，可以拿出大约30分钟的时间，来预习明天要学习的内容。养成了课前预习的好习惯，就能大大提高课堂效率，这样还用担心学习成绩不提高吗？

遵循记忆规律，高效复习

遗忘常呈现"先快后慢"的规律，这规律给我们增强学习效果提供了重要的依据。

最早用实验方法研究记忆规律的心理学家艾宾浩斯发现，学习刚结束，遗忘就相伴而来了：第二天忘的知识最多最快，因而第二天需要复习的时间较长；如果第二天复习了，第三天遗忘的知识会减少了，需要复习的时间也较短；如果第三天复习了，第四天遗忘得就更少了……总之，遗忘呈现出"先快后慢"的规律。

根据这个记忆规律，我们要达到良好的学习效果，就要遵循以下方法：

1. 及时复习

青少年学习存在一种普遍的倾向,就是学习快遗忘也快。到考试时,又从头开始复习以应对考试。要改变这种前学后忘,到后面问题成堆的现象,关键要做到及时复习,尤其是对于那些没有兴趣性、容易遗忘的知识点,一定要做到及时复习。这好比在堤坝塌方之前,如果及时加固就能避免垮塌。

2. 分散复习

学习规律告诉我们,分散复习比集中复习效果更好。以学习外语单词为例,当天老师教授了20个单词,两个同学采用了两种不同的复习方式:一位同学在当天晚上集中复习1小时,加以巩固;另一位同学当天晚上复习半小时,第二天晚上再复习15分钟,第四天晚上复习10分钟,一周后再复习5分钟。结果后者记忆的效率明显高于前者。

利用分散复习的道理,我们可以采用"卡片"复习方法。例如复习化学公式,把卡片分为左右两边(或正反两面),分别写上公式左边和公式左边,然后自制七个袋子(或信封),每个袋内放置一周中某一天应复习的卡片。复习时,用手遮住一面,回忆另一面的内容。当天复习完后,就放入隔天的袋里,以此有规律地交替复习,效果十分明显。其他如数学公式等各种知识均可用"卡片"复习方法。

3. 重复复习

德国著名科学家奥本海默在80岁高龄时,仍能熟练背诵圆周率小数点后100位,别人问他有什么好的记忆诀窍,他回答说:"其实很简单——重复!重复!再重复!"在学习中,我们都有这样的体会:需要记忆某些内容的时候,如果到刚能勉强叙述时就停止学习,结果过了不久就很难准确回忆;如果能再多学几遍,记忆效果就大大提高,而且这种熟练的记忆,持续时间也特别长久。这就是"重复学习"。

遵循记忆规律,采用恰当的方法,就能事半功倍,使你的学习更加高效而轻松。

最后,记得整理好你的东西和房间

"我的铅笔跑哪儿去了?""牛仔裤在哪儿?""诶,语文书怎么不见了?"

这些话是不是觉得很熟悉?大家也一定都曾经有过这样的体会吧。如果总是不把自己的东西整理好,那么,一天中就会有大量时间花在找东西上。

对于那些经常使用的东西,应该就放在旁边,这样找起来就会比较容易。而那些虽然不是经常使用,但也很重要的东西,在用完之后,一定要放在一个固定的地方,这样,下次再用的时候,就不怕找不到了。

最重要的是,一定要养成自己整理房间的好习惯。如果让妈妈、哥哥或姐姐帮你打扫房间,那么你就不会知道东西都放在什么地方，用起来当然就会很不方便。

　　书架也是很重要的地方，不能把书摆上去就不管了，最好是能够经常整理，把书分门别类地摆放，这样，当需要某本书的时候，就可以立刻找到，节约了很多时间。

　　当很忙、事情很多的时候，如果还要在找东西上花大把的时间，是非常令人头疼的。因此，如果你现在还没有开始整理，别犹豫了，立刻去做吧。虽然整理东西也需要一定的时间，不过，可以防止以后浪费更多的时间。